考古纪事本末

[壹]

发现与推理

许宏 著

山西出版传媒集团　山西人民出版社

目录

丁公龙山文化文字发现亲历记

考古队进驻丁公村 …… 1

序曲：发现龙山古城 …… 3

"片长"日常那些事儿 …… 8

小陶片　大发现 …… 11

众议丁公陶书 …… 14

层出不穷　"孤证"不孤 …… 18

二里头都邑"不动产"的大发现

道路网：探明都邑的骨架 …… 23

建筑群：从散点到连线 …… 31

宫城：真是"想"出来的 …… 36

"工城"：又抱一"大金娃娃" …… 41

二里头"1号大墓"的是是非非

大墓惊世 …… 49

疑团重重 …… 52

再探究竟 …… 58

水落井出 …… 62

"超级国宝"绿松石龙现形记

宫殿区内的贵族墓 …… 68

神秘的大型绿松石器 ································· 75
　　超级国宝惊艳面世 ··································· 79
　　龙牌、龙杖还是龙旗？······························· 85
　　从众龙并起到饕餮归一 ······························· 88

中国最早的青铜钺发现记

　　刚刚接手二里头 ····································· 94
　　两片破铜片 ··· 97
　　细瞧二里头铜钺 ···································· 101
　　钺的前世今生 ······································ 103
　　"王"字来源　王权象征 ···························· 106

绿松石小兽如何混入"二里头队伍"

　　又一次"非科学发掘" ······························ 110
　　简要报道　语焉不详 ································ 113
　　非科学发掘品被"科学化" ·························· 114
　　"微雕狮"定名暴露身份？·························· 115
　　由不安而寻踪 ······································ 118

说不尽的偃师商城（一）——段鹏琦出师有捷

　　发电厂建在历史名地 ································ 124
　　机遇属于有准备者 ·································· 128
　　大发现前的蛛丝马迹 ································ 130
　　顺藤摸瓜　古城露头 ································ 133

商代大城浮出水面 ·················· 136

说不尽的偃师商城（二）——赵芝荃受命接手

组建新的考古队 ··················· 142
大发现引起轰动 ··················· 146
城址定名之辨 ····················· 149
为何不能叫"尸乡沟商城"？ ········· 151
发现与推论间的差距 ··············· 156

说不尽的偃师商城（三）——亲历那些人和事

"西亳说"VS"郑亳说" ············· 163
与赵芝荃先生的缘 ················· 168
把第二故乡当家的考古人 ··········· 171
后来人的丰硕收获 ················· 176

"秦代造船遗址"定性，谁更权威？

"造船工场"惊现羊城 ··············· 183
船史等领域专家的质疑 ············· 189
考古界与文管部门的坚持 ··········· 193
声势浩大的"打假"浪潮 ··········· 198

武威铜奔马的时代与命名之争

农民挖出"车马仪仗队" ············· 205
铜奔马惊艳海内外 ················· 209

究竟是哪朝何人之墓？ ………………………………… 213
　　马、鸟的身世与定名 …………………………………… 218

西晋周处墓铝片的身世之谜

　　由检测生出的疑问 ……………………………………… 229
　　哪儿来的铝？ …………………………………………… 232
　　重新鉴定与夏鼐的再发言 ……………………………… 235
　　对质疑意见的存疑 ……………………………………… 238
　　新的思路与破解办法 …………………………………… 240

后记 ……………………………………………………… 246

丁公龙山文化文字发现亲历记

4000多年前的一块刻字陶片,"把我国文字出现的时间往前推了八九百年"——20多年前的一个号外,在海内外学界和公众中引起巨大反响。众所周知,殷墟甲骨文的出现让人感觉突兀,中国文字起源问题扑朔迷离。这也就难怪丁公陶文的出土,为何一石激起千层浪。"远古真品"抑或"造假""伪刻"?一时间风口浪尖。现在学界怎么看?且听发现亲历者娓娓道来。

考古队进驻丁公村

1984年,我从山东大学考古专业毕业后,留校任教。作为考古专业的助教,最大的一个任务就是协助领队教师带学生进行田野考古实习。下田野比较辛苦,考古教研室的老师轮班,隔一年去一次。我在1992年赴北京攻读博士学位之前,分别于1987年、1989年和1991年秋季,参与带了三次田野考古实习。

这三次实习在同一个地点——地处鲁北平原的山东省邹平县苑城乡丁公遗址。那是距山东大学所在地济南80多公里的农村,每天只有一班长途车发往济南,在没有高速公路的30多年前,路上要颠簸半天的时间。

1987年,36岁的栾丰实老师(现为山东大学资深教授、国家社科基金考古学科评审专家组成员）成为实习领队，方辉（现为山东大学教授、山东大学历史文化学院院长）和我两位20多岁的助教是他的"左膀右臂"。那年秋季一开学，我们就下工地了，要在那里待一个学期。带两个研究生、十几个本科生就住在丁公村的一所废弃的旧学校里，条件很差，冬天连蜂窝煤炉也没有。经费有限，我们半年下来的实习费只有一万五千元。

随后，丁公遗址被定为山东大学考古实习基地，在地方政府和学校多方协调下，距遗址1.5公里的苑城乡驻地建起了考古工作站。1989年开始，我们可以住在那儿了。为上下工方便，考古队买了一批自行车，供全体师生往返于发掘工地和工作站。但又因经费有限，只能两人一辆，28式加重的，几个女生肯定都得男

1987年秋，栾丰实（右二）、方辉（左一）、许宏（右一）与考察丁公遗址的刘敦愿教授合影

生载着。考古专业大学生组成的车队,呼啸着穿越乡间地头的土路,成为当地一道独特的风景。

考古发掘其实是艰辛而枯燥的一件事儿,所以就有同学背靠着麦垛歇息时,慨叹我们是"在田野上放牧青春"。我的回答是:那要看你是以怎样的心境"放牧"。只要喜欢,放牧之后,你就会有青春的收获。

收获肯定是沉甸甸的,还不时会有让你眼睛一亮的"奇遇"。在丁公遗址,我们就遇到了重大发现。

序曲:发现龙山古城

1987年秋和1989年秋,为了进一步揭示丁公遗址的文化内涵和特征,山东大学考古实习队对该遗址先后进行了两次较大规模的发掘,发掘面积达1000余平方米,但相对于整个遗址,我们每次发掘的面积是极其有限的。每次大约20名学生,每名学生在一个5×5米的探方中工作,带一两个帮忙的村民,我们称为"民工"。每个老师要负责六七个探方,尽管上蹿下跳、手把手地指导那些几乎是"小白"的学生,每次也只能发掘500平方米左右。整个遗址如果是一张纸,那么我们每次的发掘就像在纸上扎洞,所以我们总说考古发掘像是愚公移山。

该遗址从龙山文化(约公元前2300—前1800年)到商代的早期堆积保存良好、文化内涵丰富,即使在史前文化遗址丰富的山东地区也并不多见,这促使我们思考如何对这一遗址进行全面的了解。

1993年丁公遗址发掘现场

图中的深坑叫作"探方",是考古人设定的方形工作区,一般为正南北方向,先在4×4米的范围内向下发掘,与相邻的探方之间留下1米宽的"隔梁",用于观察剖面和运出发掘区内的土。与探方相比,探沟是长条形的考古工作区域,一般垂直截断某个长条形遗迹,通过对其横截面的解剖观察,了解地下遗迹的情况。

  同样地处泰沂山脉北麓的山前平原、西南距丁公遗址不远,就是著名的济南章丘城子崖遗址。这个遗址在1930年代就被中国第一代考古人发现,发掘主持人是梁启超先生的公子梁思永博士,那时已发现了城墙的线索。1990年的再发掘,最终确认了龙山文化城址和岳石文化(约公元前1800—前1500年,大致相当于中原地区的二里头时代)城址的存在。这促使我们下决心对丁公遗址做全面勘探,以了解遗址的准确范围、不同时期文化遗存的分布和遗址内外有无重要遗迹等。当时,没有想过丁公遗址也会有龙山城。

  用洛阳铲全面勘探需要相当数量的熟练技师,学校没有这个条件和能力，我们就求助于山东省文物考古研究所。1991年6月、7月之交，鲁北地区骄阳似火，我们三位教师率领由该所9名技师组成的勘探队伍对丁公遗址进行了全面勘探。勘探工作的重要收获之一，就是发现了一条环绕遗址周围、呈圆角方形的"淤土沟"。这一发现，让我们很振奋，并且期待着通过秋天的发掘工作来揭开这一谜底。如果能够证实丁公遗址存在龙山时代的环壕，或许表明它和城子崖的城墙代表了龙山文化时期两类不同的等级的聚落。因此，领队栾丰实老师决定再从考古所借一两名熟练技师，通过开设探沟来解剖这条"淤土沟"。

8月底开始，发掘工作如期进行，10月上旬，经验丰富的省

技师手持洛阳铲进行钻探

洛阳铲是一种截面呈半圆形的钢铲，传为河南洛阳附近村民李鸭子于20世纪初发明，后逐渐改进，长身铲头可安装竹、木杆，或再续以绳索。最早用于盗墓，后广泛用于考古勘探和建筑的地基处理等。钻探又称铲探，即以洛阳铲打穿土层，了解地下堆积情况。

陶鬹

陶豆

陶甗

陶鬲

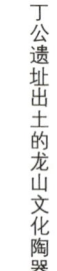
丁公遗址出土的龙山文化陶器

考古所技师刘洪山来到工地。我们在遗址东部和北部边缘地带先后布设了探沟,东部探沟横跨"淤土沟"和遗址内的文化堆积。10月末,我们发现遗址北边探沟中的条状遗迹黄土中夹杂着淤土块,一看就是黄土加其他土混合起来的。栾丰实老师脑子里一下子闪出了一个念头:"这不就是城墙的夯土吗?!"反复察看几遍,确定无疑。他又立即跑到两百米外南边那条探沟,观察探沟的剖面,没有错,就是夯土筑的墙。

当时我们真的是极度兴奋,龙山文化城墙就出现在我们的脚下!后来逐渐搞清楚,这个城墙原本宽度为10~12米,后来在不断向外加宽、加高的过程中,把壕沟里清理出来的淤土也利

新世纪以来,栾丰实继续主持丁公遗址的考古工作

用起来,于是城墙夯土中也有淤土存在。城墙外面紧接着一圈环绕的壕沟,宽30~50米。这个大城圈平面略呈圆角方形,面积达10余万平方米。后来很多业内专家到现场实地考察,一致肯定了这一重要发现。此后,考古队又在外城圈内发现了一座龙山文化早期小城,也大致呈方形,面积6万平方米左右,周围也有一圈环壕。

丁公城址的龙山文化延续时间较长,绝对年代约当距今4300~3800年之间。在黄河流域已发现的若干龙山时代城址中,它面积较大,城内遗存丰富且保存较好。它的发现价值,不仅在于又多了一座城,更在于深化了我们对龙山时代城址历史意义的认识。联系到黄河中下游城邑林立的状况,有理由相信,龙山时代应该已经发展到了社会分化比较严重、社会分层十分明显、社会内部矛盾日益尖锐化的阶段,即已进入国家起源的早期文明时期(栾丰实 1994;许宏 1993)。

1992年1月,丁公龙山文化城址入选"1991年度中国十大考古新发现"。

"片长"日常那些事儿

话说负责每个探方发掘的人,被学生们戏称为"方长"。方长手下是一两位民工,干些刨土、出土、刮平发掘面的活。方长以上,则是我们几位带队教师。按领队栾丰实老师的安排,我主要管理指导在遗址生活区发掘的6个同学,可以算是负责一片儿的"片长"。

笔者与德国学者王睦博士在丁公遗址发掘现场

片长的一个重要职责是确认新发现的遗迹并"给号",也即给方长下发一个经统一登记、不会重复混淆的遗迹号,方长在处理这处遗迹和其中出土遗物时必须附上这个编号,以保证记录、标本采集和日后室内整理工作的科学有序。这些遗迹主要是灰坑(垃圾坑),也有墓葬、陶窑、水井之类。那时还没有电脑、Pad、手机等电子记录设备,我们就是纸质的发掘日记本不离手,随时记录。从最后一页开始往前翻,是一个专门"给号"的各类遗迹登记表。

除了管着那6位方长,我还受命兼顾几百米外遗址东部城墙和护城壕所在探沟——第50号探沟的给号工作。这条探沟,是由上文谈及的山东省文物考古研究所安排来帮忙的技师刘洪山负责发掘的,他虽讲不出书本中的历史考古大道理,但田野实操技术,绝对在那些刚接触考古的学生之上。

1991年10月,考古队师生与国家文物局考古专家组组长黄景略先生(前排左五)一行合影(前排左三、左四为许宏、栾丰实)

临近年末，寒意渐浓。开工较早的学生们的发掘大多接近尾声，甚至转入室内，而探沟发掘渐入佳境，我到这边来得更多了。

探沟横跨夯土城墙和壕沟，以及城内的文化堆积。这些文化堆积多呈灰黑色，有的呈层分布，更多的呈坑状。那是人们倾倒生活垃圾的遗迹，考古人管它们叫"灰坑"——富含草木灰和生活垃圾的坑。这些灰坑重重叠叠，表明古人在这里生活了很长时间。

"H1235。"当看到刘洪山正在清理探沟南壁下的一个龙山文化的灰坑时，我报出了当前可以给出的灰坑号。H是"灰"字的拼音首字母。H1235，第1235号灰坑。这个灰坑非常清楚，不必费力确认。

刘洪山赶紧记下了这个编号。当时，我们都没有想到这个普通得不能再普通的编号后来竟会大名鼎鼎。从这个坑出土的大量陶器残片中，有一片居然刻着文字！但在当时，我们都还不知道。

众所周知，龙山文化制陶术发达，陶器的基本特征是"黑、光、亮、薄、轻"。因为薄而易损，一个龙山文化的灰坑，都会发现很多陶片。所以，我们在考古发掘现场没法把每一片陶片都擦干净看看。对于完整的器物，我们会现场编号，用一个袋子单独装起来，特别重要的也会拍照加以记录。而一般的陶片，就统一装到袋子里，写好标签，标签上的要项包括出土地点、出土单位、出土品内容、出土时间和记录人等。

就这样，按照田野考古操作规程，这片不寻常的陶片经历了一段寻常得不能再寻常的处理流程。在方长刘洪山发现、经片长许宏确认并给号后，刘安排民工仔细清理灰坑H1235在发掘区内的部分，并采集所有坑内的出土物。随后，这些以陶片为主的出土物被装进编织袋,刘洪山写好两张特制的出土品标签,民工按常规把其中的一张放进袋内,另一张被系紧的塑料绳固定在袋口上,以便查验。这标签就是这袋出土品的身份证,继而,这些陶片又被统一拉回到1.5公里以外的考古工作站库房。

在发掘工作结束后,我们留下几位在工地上表现较好、比较细心的民工,帮着做室内整理工作。其中重要的环节就是按出土单位刷洗陶片、在大片陶片上写字(标注出土单位),等等。

然后,就是见证奇遇的时刻了。

小陶片　大发现

转眼,我们结束了1991年秋季几个月的连续发掘,进入室内整理阶段。1992年的元旦,我们师生是在位于苑城乡的考古工作站度过的。还记得我们与最后几位同学撤退返校时,大雪纷飞,长途车停驶,师生冒雪走了20公里路,赶到最近的周村火车站,才得以返回济南。那时,真的不觉得冷、不觉得累,因为心里揣着一团火,为我们的重大发现而兴奋。

大发现来临于1月2日上午。那天,我和同事方辉在考古工作站三层小楼的一层检查学生的发掘记录、校核图纸。正在协助工作的丁公村女民工董建华拿着一块陶片进来,说她在给陶片写字时,发现这片上面刻着一些不认识的道道。"文字?!"我们几乎兴奋得要喊起来。我知道小董姑娘正在整理的是50号探沟的陶片,再看下出土单位——灰坑H1235!

著名的丁公龙山文化陶文,在4000多年之后,重见天日了。

丁公陶文

这是一块上大下小的四边形陶片,长4~7厘米余,宽3厘米余。常年与陶片打交道的我们,一眼就会认出,这是一件大平底盆的底部残片。浅灰色,陶胎较薄,背面还有用快轮制陶时轮旋的痕迹,属于龙山文化晚期无疑。

在陶片磨光的一面上刻有5行11个互不相连的文字,排列得比较规整,右数第二行的第一字是一个带尾巴的人形,在甲骨文中有相似的文字。另外,在左上角有一刻划极浅的符号,疑为一字;左下角另有一刻划短线伸出陶片之外。每个文字的笔画刻写得都较细,但清晰可见,在放大镜下细看,横画略宽,有小的崩碴,像是陶器烧成以后刻上去的。再从文字的布局和排列分析,又很可能是刻在陶器残片而非完整器之上的。

在过去的发掘中,我们会设想出土一件青铜器,但从没想过会在陶片上发现成排的文字,栾丰实老师后来描述他当时的感觉是"我都来不及兴奋,就觉得心里头沉甸甸的"。因为这个发现太重要,而陶片是在脱离发掘现场的情况下,于田野工作结束后的室内整理时发现的,所以有些问题必须赶快检查和确认。

就这样,栾老师带着方辉和我,调看了出土文字陶片灰坑的记录和全部出土遗物，对出土遗物的运输、存放、刷洗、整理等环节作了详细的了解与分析，全面严格地检核了该灰坑及其相关诸遗迹的层位关系和出土遗物。我们把这个灰坑出土的一千多枚陶片，仔细地进行反复检查，确认没有一件晚于龙山时期。如前所述，陶片显示的器形也很明确，是一件大平底盆的底部残片，从田野发掘角度看完全没有问题。

灰坑H1235位于龙山文化城址内东部。1991年秋发掘了其北半部，另一半向南伸出探沟外。在国家文物局考古专家组及国内部分专家亲赴遗址察验层位关系之后，根据专家的意见，1992年5月，我们采用扩方的办法，将该灰坑的另一半全部予以发掘。结果表明，在出自该灰坑的1400多件陶、石、骨、蚌器及残片中，未发现任何晚于龙山文化的遗物。从层位关系上看，该灰坑被另一个属于龙山晚期的灰坑打破，其自身也打破了另外几个龙山时期的灰坑，且该灰坑出土的具有分期意义的陶器均为龙山文化晚期阶段的典型器物。因此，刻字陶片所在的灰坑H1235的时代可确定为龙山晚期（偏早阶段），其绝对年代约当距今4000~3900年之间。

回到学校之后，为了确保万无一失，我们为这片刻字陶片花费了相当多的精力。从学校到省里，先后聘请20余位考古和古文字学专家，召开过三次鉴定会，得到与会专家的一致肯定。随后，省文物局还派专人和我们一起去北京，请国家文物局考古专家组进行鉴定，再次得到肯定。会后，我们还持刻字陶片登门拜访了胡厚宣、张政烺、陈公柔、李学勤、高明、裘锡圭等著名古文字学家，专家们一致认为这一发现极为重要。在这一系列鉴定工作之后，1992年12月，时隔近一年后，山东大学召开新闻发布会，正式公布了这一重要发现（栾丰实 1994、2018）。

众议丁公陶书

丁公龙山文化陶片文字发现后，受到学术界的普遍关注。如前所述，经考古和古文字学界的专家研讨与鉴定，丁公陶文得到比较一致的认可，但也有个别学者持怀疑态度。至于陶文的性质和如何释读，则存在着不同的看法，学者们相互间展开了热烈的讨论。

关于陶片文字的时代。绝大部分专家认为刻字陶片出自一组有打破关系的龙山文化灰坑之中，层位关系确凿无误，这是确定陶文年代的主要依据。而刻写文字的陶片是一山东龙山文化常见的大平底盆之底部残片，同一灰坑内的其他遗物也全部属于龙山文化，因此，丁公陶文属龙山文化无疑。

中国社会科学院考古研究所曹定云研究员则提出质疑："龙山陶文有一个最致命的要害问题，即它在H1235坑的具体位置不明，而且已经无法弥补了。因为，这片所谓的龙山陶文，不是在发掘现场发现的，而且是在经过至少两三个月之后，在室内整理快要结束时（1992年1月），由协助工作的民工发现的。这一情况给这片'龙山陶文'时代的确定，无疑笼罩上厚厚的阴云。它失去了确切的地层层位，也就失去了考古发掘中的第一要素。由于没有准确的地层关系，就存在另外两种可能性：1.这片'龙山陶文'是耕土层混入的；2.在搬运、储存、洗刷的过程中，亦可发生其他地层单位陶片的混入，甚至不排除人为的恶作剧。"（曹定云 1993）有民间学者更认为是带队教师的造假行为。

北京大学考古系严文明教授则不同意如此推论，认为层位关系明确，"看来这块刻文字的陶片非龙山文化莫属了"。中国社会科学院考古研究所邵望平研究员的分析具有代表性："虽然，陶文是在室内整理时才被辨认出来，但这无妨于它的文化属性。众所周知，在发掘现场，发掘者最应关注的是遗存的层位及考古现象的科学清理与正确判断等项，而对遗物的仔细观察，是可以在室内整理时进行的。一块刻有陶文的陶片，现场能发现固然最好，最有利于全面考察，但却非易事，事后发现，只要层位明确，其学术价值并未降低。这是田野考古经验与常识所能理解的。"否则，现今田野发掘所得出土遗物，除了极少数有具体坐标者之外，99%以上岂不都"失去了确切的地层层位"，从而也不可信？（王恩田等 1993）

关于文字的刻写问题。绝大部分专家认为文字是陶器烧成以后刻写上去的。经测定，陶片硬度为2.5度，刻字工具是一种锋锐的尖状器具。有的专家认为属针刻，有的以为是刀刻。对此，曹定云质疑道："刻出深入陶胎而又行走如飞的字体，决非石器和骨器所能达到的，也决非铜质工具所能达到的，而很可能是铁质的扁尖状器所刻。"（曹定云 1993）

卞仁指出这一问题是复杂的："除了考虑到陶器外，还应考虑到玉器，特别是良渚文化的玉器。有一些良渚文化玉器，其上雕刻了精美的花纹。这些花纹是用什么工具刻出来的？如果用这样的工具在陶器上刻文，是否能产生丁公陶文那样的效果呢？这一问题值得进一步探讨。"（卞仁　1994）诚哉斯言。

关于陶文的结构、字序、书体和笔法等问题。大多数专家认为陶片上刻写有11个字，成5行排列。有的则认为左上角刻痕极浅的符号也属刻字无疑，陶文共12字。专家们认为文字联系紧密，已具一定章法，显得较有规律。文字的刻写顺序应是自上而下，自右到左，读法亦然。从书写行款上看，正合乎后世汉字书写方法的传统。文字多用回转的连笔，与后代的行草相类。多有专家称道刻写者的深厚功力，认为运笔潇洒自如，笔画连贯流畅，用力匀称，刚劲有力。北京大学考古系高明教授细察其刀锋痕迹，更认为"这块陶片的刻辞，乃出自当时一位刻技非常熟练者之手，绝非一般初学或偶然玩弄者所为"。（王恩田等　1993）

曹定云则反问："文字的发展好似一个人，先只有学走，然后才能跑。草书是中国汉字已经成熟而开始跑的产物，这种类似行草的字体怎么可能出现在公元前2300年之前的龙山文化时代呢？这种超越历史时代的字体难道不是十分可疑吗？"（曹定云　1993）

关于陶文的性质与初步释读。大多数专家认为陶片上刻的是文字而不是别的什么符号或图画，但对这种文字的性质则看法不一。

中国社会科学院历史研究所李学勤研究员及北京大学考古系严文明教授等都认为，丁公陶文已是一种比较成熟进步的早期文字。其中有象形字，但有的字则有更复杂的构造。对此，严文明指出：这些字"好像是专为语言中某些难以用形象表达的词而造的字。即使象形字也是以最简练的笔法写出，显得很有章法"。中国社会科学院考古研究所陈公柔研究员也认为，丁公陶文"字形趋向于省简而颇具概念的意义，已经是脱离了'书契权舆于图象'"（王恩田等 1993）。

北京大学中文系裘锡圭教授和高明的看法大体一致。裘锡圭认为从遗物的时代和符号的形成来看，丁公陶文不可能是成熟的文字，而可能是一种原始文字，且"并不是一种处于向成熟的文字发展的正常过程中的原始文字，而是一种走入歧途的原始文字"。高明认为丁公陶文是已被人们淘汰了的古文字。而在历史上类似丁公陶文这种被淘汰和废弃的文字，恐不止已被发现的几种，今后还会有发现。中国社会科学院考古研究所冯时研究员更把丁公陶文与古彝族的文字联系在一起，认为二者有着密切的关系（王恩田等 1993）。

多数专家认为丁公陶文联系紧密，章法有致，显然在表达着一定意义的文句，而超出了简单的标识功能，应是一件完整的文书，或可称为"陶书"。台湾《光华》杂志一篇题为《丁公陶片为什么重要》的文章认为"它的刻文……几乎可以相信是个句子"。有的学者进而认为它是"成文历史时期"的产物与标志。

在对丁公陶文的释读上，专家们进行了初步的尝试，指出几个象形字可能分别像人形（或猿形）、鸟形、蛇形、兽形及陶鬲等；有些可能为会意字，分别与甲骨文中的"见""交""父""戊"等字较为相近，日本东京大学松丸道雄教授和李学勤等甚至做了释读。但实际上，由于陶文笔画简省，形声多不具备，书体与已知商周文字有较大差异，尚无法做进一步的释读，内容则更无从考见，深入分析有待于进一步的发现。

也有学者认为不是字，如日本关西外国语大学伊藤道治教授；

或认为不能断定是符号还是文字，如日本京都大学小南一郎教授（冯良珍 1993）。

在陶文与甲骨文及其他上古文字的关系、陶文在中国文字发展史上的地位的问题上，专家们的意见分歧较大。

一种意见认为，丁公陶文与甲骨文等早期古汉字不是一个系统。中国历史博物馆馆长俞伟超研究员指出："有理由认为龙山文字和商代的甲骨文，即使有某些相似处，却不见得是一脉相承的；也就是说，龙山文字和商代甲骨文，很可能是两种文字。"裘锡圭和高明认为丁公陶文是一种走入歧途、被人们淘汰的古文字，现在还无法断定它跟包括甲骨文在内的早期古汉字有关。

另一种意见认为，丁公陶文与大汶口文化陶器文字、甲骨文都可能同属汉字方块字体系，代表了古汉字发展的一个重要阶段。如张学海认为"丁公'辞章'式陶文的发现，为探索大汶口文化晚期文字，提供了重要的比较、考证资料"。陈公柔也认为，丁公陶文"实际上是上承大汶口文化中所谓的'日月山'陶文，而下接二里头、二里冈（宏按：二里岗也称二里冈，后者系遗址当地小地名被考古学者使用时的讹变）、藁城陶文的一系列属于殷商文字系统的一个重要环节"（王恩田等 1993）。

层出不穷 "孤证"不孤

在上述讨论中，卞仁的文章代表了一种审慎的态度："目前，要对这一问题做完全肯定或完全否定的结论是困难的。特别是，这次发现的陶文只有一片,是个孤例,在这种情况下我们更不应过早地下结论。我们热切地期望今后能通过大量的田野工作为这一问题的解决提供更多的证据。"(卞仁 1994)学者明儒在对丁公陶文的年代与性质提出疑问后也指出:"文字起源是一个十分重大的理论问题,如果有朝一日有更多确定无疑的发现证明丁公发现的符号就是文字(我们不能排除这种可能性,并希望这种可能变成现实),那么整个中国史前史和文明史就都要全面地进行重新评价,其意义是不可低估的。"(明儒 1993)

作为丁公陶文的发现者,我们认同这样的态度。孤证不立,与其驳难辩解,匆忙定论,不如把它放一放,作为今后工作的一个线索和提示。因此,我们几位当事人针对不同的意见,都没有写过商榷反驳的文章。

如果1990年代初期丁公陶文的发现在当时似乎还属"孤证"的话,那么在其前后出土的距今4000多年前的龙山时代文字,可以说是层出不穷了。试举其中重要的几例:

1940年前后,美国收藏家弗列茨·比勒芬格在杭州附近购得的一件良渚文化陶壶上有一行陶文,饶宗颐、李学勤都进行过释读,虽二人的释读各有不同,但他们都认为这是成组文字。

1974年,江苏吴县澄湖遗址出土的良渚文化黑陶罐上发现4个刻符,张明华、饶宗颐等学者认为是早期文字并作了释读。

1984年,山西襄汾陶寺遗址陶寺文化晚期的一件扁壶残片上,发现用毛笔书写的朱书陶文。该陶文的图文资料于新世纪之初才正式公之于世。数年前在陶寺遗址建筑区又出土了一件朱书陶扁壶残片,证明这类朱书文字并非孤例。

吴县澄湖陶文　（局部放大）

襄汾陶寺朱书陶文　（局部放大）

高邮龙虬庄陶文　（局部放大）　各地出土的龙山时代陶文

1993年，在江苏高邮龙虬庄遗址发现南荡文化泥质黑陶盆口沿残片，上有8个字符。饶宗颐、周晓陆、王晖等学者认为，字体间隔一致，结构布局匀称，与殷墟甲骨文相近但比较潦草，应属早期文字。

1996年，在与丁公遗址同属海岱文化区的山东阳谷景阳岗遗址，又发现了一片龙山文化时期的刻文陶片。陶片应属一小型泥质磨光黑陶罐的肩部，残存的文字应属于三个个体，是在陶器成型之后、烧制之前刻上的，因此该陶文的刻写可以肯定系龙山时代人们所为。

国学大师、香港中文大学饶宗颐教授在把丁公陶文与其他同时期陶文做了比较研究后，认为其绝非赝品（饶宗颐　2000）。

古文字学家王晖教授认为，中国文字正式形成的判定标准，其表现形式是连字成句，这是用线性的排列组合来表现的。在龙山文化时期，不仅有组词成句的原始文字出现，而且有与后来甲骨、金文字形相似且结构比较复杂的原始文字出现，故可以说，龙山时代是中国文字正式形成的时代（王晖　2011）。显然，丁公陶文，正是这个群星璀璨的苍穹中那些最耀眼的星斗中的一颗。

参考文献：

山东大学历史系考古专业：《山东邹平丁公遗址第四、五次发掘简报》，《考古》1993年第4期。

王恩田等：《专家笔谈丁公遗址出土陶文》，《考古》1993年第4期。

许宏：《丁公龙山文化文字的发现及其意义》，《传统文化与现代化》1993年第3期。

曹定云：《丁公遗址龙山陶文质疑》，《光明日报》1993年6月20日。

明儒：《关于丁公陶文的疑问》，《南方文物》1993年第3期。

冯良珍：《日本部分学者关于丁公陶文的见解》，《语文建设》1993年第9期。

栾丰实：《丁公龙山城址和龙山文字的发现及其意义》，《文史哲》1994年第3期。

卞仁：《关于"丁公陶文"的讨论》，《考古》1994年第9期。

饶宗颐：《符号·初文与字母——汉字树》，上海书店出版社，2000年。

王晖：《中国文字起源时代研究》，《陕西师范大学学报（哲学社会科学版）》2011年第3期。

栾丰实：《泥沙洗净，惊见成排古文字》，《齐鲁晚报》2018年9月6日。

二里头都邑"不动产"的大发现

在我执掌二里头遗址考古工作的20年生涯中，先后率队发现了中国最早的城市主干道网（含第一个大十字路口）、中国最早的"紫禁城"——宫城、中国最早的多进院落的宫室建筑和最早的中轴线布局的宫室建筑群、中国最早的官营围垣手工业作坊区和最早的绿松石器制造作坊等。这些"不动产"的发现，与学科转型的大背景有关，应该也与我专攻古代"不动产"——城市考古的学术出身有关。机遇属于有准备者，有些发现，其实是"想"出来的。

道路网：探明都邑的骨架

我是1999年接任二里头考古队队长的，那年恰好是地处中原腹地的河南偃师二里头遗址发现与发掘40周年。我是第三任队长，也是第三代队长。前辈们的辛勤努力取得了丰硕的成果，奠定了良好的深入探索的基础。但如何站在前人肩膀上，深化对这样一处经长期工作又内涵复杂的大遗址的认识，是摆在我和团队面前的极艰巨的任务。当时的我，有一种站在舞台的聚光灯下被无数关注的目光"烤"着的感觉。

我们将探索二里头遗址宫殿区的结构布局作为新一轮田野工作的重点，这一思路与我的学术背景有关。我攻读博士学位的研究方向是城市考古，学位论文《先秦城市考古学研究》就是在城市考古专家徐苹芳教授的指导下完成的。对于一个从事中国早期城市考古研究的学者来说，二里头遗址实在是一个实现学术设计的极佳平台。

同时，这又与中国考古学学科转型这一大的学术背景有关。简单讲，就是由文化史为重心的研究转向全方位的社会考古。如果还嫌这种表述太"专业"，那就再忍痛放弃点准确性：大致就是从注重"物（动产、东西）"本身，到更多地关注这些"物"背后的关联、背景和意蕴，对从房址、建筑群到整个聚落、聚落群等大的"不动产"乃至其背后人的社会活动开始感兴趣起来。有句话说得好，考古肯定是研究"物"的，但与其说是研究"物"的，不如说考古人对"物"背后的"原境"更感兴趣。"原境"这个词，相当于英文中的context吧。时事造人，自称"不动产专家"的我，显然也是这个大转型时代的产物。

从二里头考古一甲子数代人探索的心路历程，就可以清楚地看到这一点。我的前任赵芝荃、郑光先生建立起了以陶器为中心的可靠的文化分期框架，这是以后我们继续探索的基础。他们还发掘了两座大型宫殿基址、铸铜作坊和若干出有铜器和玉器的贵族墓等，这些重要收获使得二里头都邑在中国文明史上的地位得到确认。但在以往论及中国古代城市规划的论著中，对于二里头遗址聚落总体状况的介绍和分析都是从简处理的。1号、2号宫殿基址，铸铜作坊遗址和贵族墓葬等重要遗存珠玑般散落于这一大型都邑遗址上。如果说在中华文明探源研究中，二里头遗址是一个已知点，但作为中国文明与早期国家形成期的大型都邑遗存，

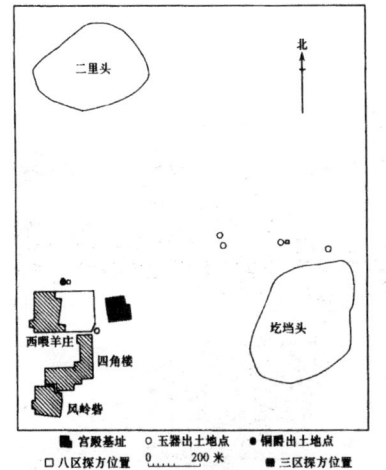
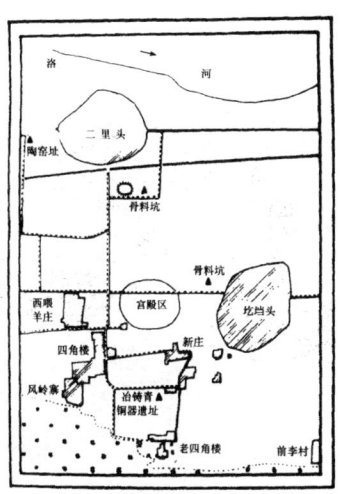
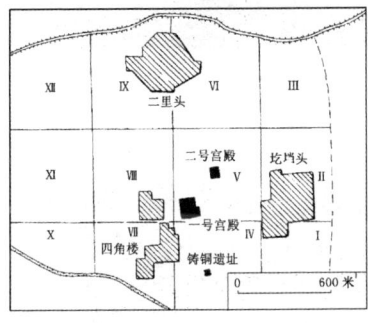

早期发表的二里头遗址平面示意图，上面二图的范围仅限于遗址中心区
上左：二里头工作队：《河南偃师二里头遗址三、八区发掘简报》
上右：赵芝荃：《论二里头遗址为夏代晚期都邑》
下：社科院考古所：《二里头陶器集粹》

其总体聚落面貌、其所应有的都邑布局的规划性则一直乏善可陈。这一拥有我国最早的大型宫殿基址群、最早的青铜礼器群和铸铜作坊，迄今为止可以确认的我国最早的王朝都城遗址，究竟是松散的聚落还是经严整规划的都邑？鉴于整个聚落的结构和布局没有什么章法，只是一些杂乱无章的遗存的堆砌，有的外国学者认为二里头就是一处大的祭祀中心而非都邑，因为它不具备规划性，而规划性，是政治性城市的特质所在。

二里头宫殿区东部发掘现场

无论古今中外，道路都是城市的"骨架"和"动脉"，且常常具有区划的功能。鉴于此，考古学家往往以道路为切入点来探究城市遗址的布局框架。在对二里头都邑布局的探索中，我也深切地意识到中心区主干道的意义，因此对主干道的探寻就成为田野工作的重中之重。大家都知道，考古学家最主要的工作是发掘。发掘又分为两种：一种是野外工作中对古代遗存的直接发掘；一种则是在前人已有的成果中进行"再发掘"，发现那些对今后的工作有益的线索。宫殿区的大道就是我在二里头考古队以往的勘察记录中"发掘"出来的。

白天忙着钻探发掘，工余时间我就在考古队昏黄的灯光下，翻检前辈留下的勘探发掘记录册。根据勘探记录，我队在1976年钻探发现2号宫殿基址的同时，在其东侧钻探出一条南北向大道，当时已追探出200余米，因冬季麦田浇水而中止。不知何故，这个工作没有再进行下去。在那个年代，布置下来一个临时的政治任务就可以使业务活动中断。20余年后，当我在二里头考古队捧读已经发黄的记录和图纸，发现这一重要线索时，兴奋之情难以抑止。我预感到这条大道是揭开二里头都邑宫殿区布局的一把钥匙。

2001年秋季，我安排探工循此线索继续追探，短短的几天里不断向南北推进，最终确认这条大道的长度接近700米，路的北端被晚期堆积打断，向南伸进新庄村，实际长度要更大（2019年，为配合遗址公园建设，整个新庄村全面拆除，经追探，这条大道的长度已逾千米）。大道宽一般在10余米，最宽处达20米，参加工作的同仁戏称其已达到现代公路四车道的标准。这一纵贯遗址中心区的大道给宫殿区布局的探索带来了曙光。

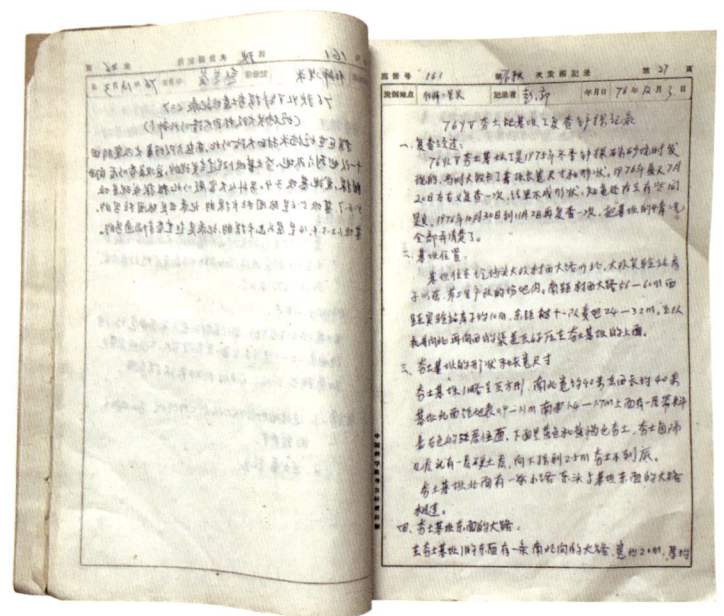

1976年二里头中心区勘探记录
记录者赵、郭,应为赵芝荃队长和技师郭天平。

在我们钻探的过程中,有老乡告知他家地里的小麦长得不好,依田野考古的常识,这可能是因为地下有质地致密的夯土建筑基址或城墙,导致土壤结构异常、渗水不畅所致。我遂派人去钻探,发现庄稼长势不好的地块位于著名的2号宫殿基址西北200余米处,钻探结果又令我们大喜过望。阻碍地下水下渗的遗迹不是夯土建筑和城墙,而是坚实的、呈千层饼状的路土,顺藤摸瓜地追探,居然是一条东西向的大道,向东延伸,与宫殿区东侧的南北向大道垂直交叉,主干道的"十字路口"找到了。这是中国最早的大十字路口!最后,确认这条大道的长度达300余米。

这两条大道把早年发掘的2号宫殿基址,以及1970年代普探中发现的30余处夯土遗存中规模较大的5处(面积在400平方米以上)都围于其内,分布于两条路以东以北的夯土建筑则规模较小。显然这两条大道应当具有区划的作用,它们应位于宫殿区的东侧和北侧。可以肯定的是,位于2号宫殿西南100余米的、规模最大的1号宫殿基址也应在宫殿区的范围内。于是,我们把探索宫殿区南侧大道的目光移到了1号宫殿基址以南,采取拦截法纵向布设探孔,又找到了围绕宫殿区的第三条大道,以及宫殿区东南部的大"十字路口"。

2004年,我们又在1号宫殿基址西墙外,确认了宫殿区西侧大道的存在,大道的北段已被"大跃进"年代的取土坑彻底破坏。至此,二里头都邑中心区纵横交错的道路网重见天日,其布局上

2017年,笔者与学者许知远站在中国最早的大十字路口

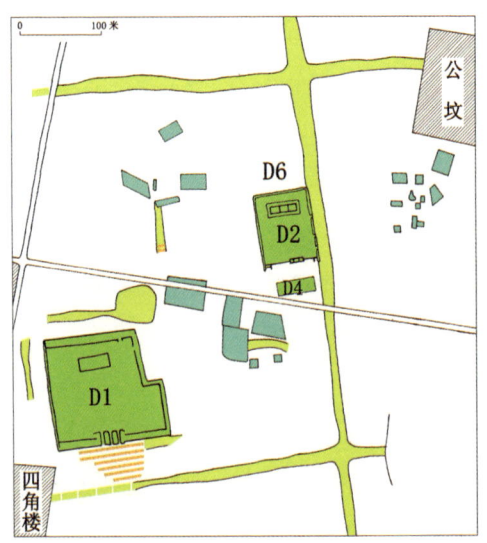

新发现的四条大道,把已知建筑基址中的"大块头"都围了起来

上:当年的钻探示意图
下:遗址公园中的井字形大道与宫殿基址

30　发现与推理

极强的规划性给人以深刻的印象。同时，它的初步探明也为进一步探寻宫殿区的防御设施提供了重要线索（许宏 2006、2009）。

建筑群：从散点到连线

在探寻中心区道路网的同时，我们对宫殿区东部的大型宫殿基址群做了大规模的揭露。发掘确认在二里头文化晚期阶段，宫殿区东部分布着一组数座南北排列的大型建筑基址。

此前我们只知道1970年代在这一带发现并发掘了2号宫殿基址，基址南北长70余米，东西宽近60米，面积达4000多平方米，是一个方正规矩的大四合院。现在，我们在2号宫殿基址的正前方又发现了一座殿堂基址，编号为4号基址，可推断属同一建筑组群。我们后来又在2号宫殿以北，发现了一座增建于二里头文化末期的大型庭院式建筑——6号基址，基址总面积2500多平方米。6号基址与2号基址东西跨度相近，方向相同，二者西廊庑的柱础成南北一线。如是，由南向北，4号、2号和6号三座建筑基址拥有统一的建筑中轴线，应同属一个建筑群。这些建筑遗存保持着统一的建筑方向和建筑规划轴线，布局上相当讲究章法。

早在1970年代2号宫殿基址的发掘中，就发现了压在它下面的更早的大面积夯土遗存。我们循着这一线索又加以勘查，确认了二里头文化早期大型宫室建筑群的存在。已发掘的两座（3号、5号基址）都是连体多进院落的布局，与上述单体大四合院纵向排列的建筑格局迥异。二里头文化早期大型宫室建筑群建筑结构的复杂程度甚至超过晚期，这些发现大大地冲击着

4号基址（上）、6号基址（下）

2003年发掘4号基址，受"非典"影响无法给氢气球充气，只能站在土堆上拍照，角度偏斜；到了2006年给6号基址拍照时，就又可以用氢气球了，角度接近垂直。当然，科技给考古插上翅膀，现在的大场面拍摄，已鸟枪换炮，都交给无人机了。

我们既有的认识。

其中3号基址长150米以上，宽50米左右，该建筑至少由3进院落组成，已发掘的各庭院的西侧廊庑经统一规划，西缘在一条直线上。5号基址在3号基址以西，二者之间以宽约3米的通道相隔，东西并列。通道的路土下发现有长逾百米的木结构排水暗渠。5号基址的面积逾2700平方米，台基上发现有4组东西向的

保存较完好的早期多进院落建筑——5号基址

多室排房，由北向南大致呈等距平行排列，形成并不封闭的4进"院落"（二里头工作队 2020），这是迄今所知中国最早的多进院落的宫室建筑群。

两座建筑的院内都发现有成组的贵族墓，著名的绿松石龙形器（见本书《"超级国宝"绿松石龙现形记》），就发现于3号基址的中院之内。

宫殿区东部的2号宫殿基址并非孤立存在，这个大"糖葫芦"——建筑群组——被我们串了起来。那么，位于其西南100余米外的更大的1号宫殿呢？这是我们的下一个目标。

在后来探寻宫城的过程中，我们真的又在1号宫殿建筑的正前方，发现了一座大型夯土基址。这一带由于后世取土过甚，基址都被"剃了光头"，别说当时地面以上的部分了，就是宫殿区东部所见整齐排列的柱础也几乎都被削没了，在300多平方米的夯土基础上，仅发现了3处柱础的残迹。依据这些残迹，可推断单排的柱础数应为8个，柱础间距约4米，其上的建筑应是面阔7间。可以想见，这也是一座相当宏伟的建筑。这座基址被编为7号基址，它跨建于宫城南墙上，又与1号宫殿大门南北呼应，应为宫城的南门塾遗迹。考虑到1号宫殿的体量（约1万平方米），且在宫城南墙中部一带没有再发现门塾遗迹，它应相当于明清紫禁城的正门——午门。它与1号宫殿基址形成的一组中轴线布局的建筑，可称为"西路建筑群"，而上述宫殿区东部由2号、4号、6号组成的中轴线布局的建筑群，可称为"东路建筑群"。这两组南北有序排列的宫室建筑群的绵延长度都近200米。

这是迄今所知中国最早的中轴线规划的大型宫室建筑群。《吕

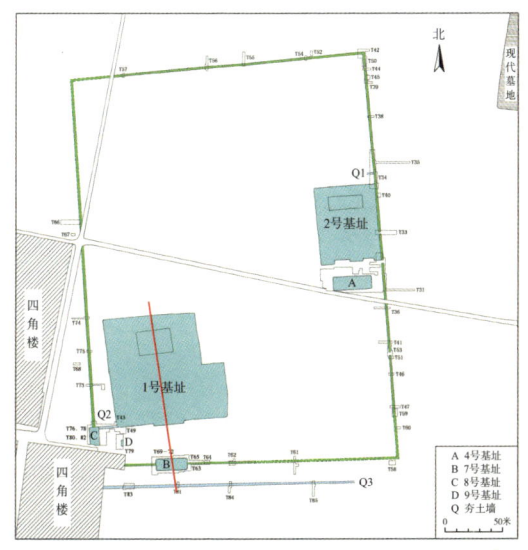

宫城南墙上的门塾基址,与1号宫殿组成一组中轴线

门塾基址

安排民工抬出大梯子,给清理完毕的大型门塾基址拍照。没想到吧,基址上放的红白"比例尺",是因陋就简,用白铁皮烟筒包红纸、白纸(各1米)做的。

二里头都邑"不动产"的大发现 35

氏春秋·慎势篇》中有古代国家"择天下之中而立国，择国之中而立宫，择宫之中而立庙"的说法。看来，这一理念，伴随着最早的"中国"王朝的崛起，在二里头时代已经出现。中国古代宫室建筑发展到明清紫禁城达到了极致，而其源头则一直可上推到二里头的大型宫殿建筑群。

宫城：真是"想"出来的

就在这批宫殿基址发掘的过程中，我开始考虑下一个探寻目标——宫殿区的圈围防御设施。我在做博士学位论文时梳理过中国早期城址的资料，逐渐形成了这样的认识：具有权力中心功能的夏商西周时期都邑，其外郭城城墙的有无尚未形成定制。也就是说，并非像大家印象中那样"无邑不城"。按说，城是我们这块多灾多难、战乱频仍的土地上的一大"特产"，在人类历史上，大概没有哪个地域、哪个族群的人，比生活在华夏大地上的诸族群更喜欢筑城了，只要人扎堆的地方就得围起来以自保。但这些都是汉代以后的事儿，二里头到汉代的中国早期都邑，是一个"大都无城"时代——庞大的都邑外围不设防（许宏 2016）。

但"大都无城"说的是早期都邑往往没有外郭城，而作为统治中枢、王室禁地的宫殿区，我却坚信不应是开放的。因此我相信，二里头都邑宫殿区应该有圈围设施存在。而就目前的线索看，我们当时正在做工作的宫殿区东部的2号宫殿一带，最有可能搞清圈围设施有无这一问题。我们从已知的2号宫殿东墙开始向外横向钻探，得知其外侧紧临1976年探出的大道，大道以外

宫城探索突破口：2号宫殿东北角（上）、东南角（下）外，夯土墙真的都向外延伸了（图中红圈处）

则只见有中小型夯土基址，因此可以肯定2号宫殿的东墙及其外的大道应该就是宫殿区的东部边界，而二者之间已不可能再有墙、壕之类圈围防御设施存在。鉴于此，我做了这样的推测：如宫殿区围以垣墙，那2号宫殿基址的东墙有可能就是宫城城墙。同时，验证这一设想的方案已成竹在胸。

2003年初，在向我所和国家文物局递交年度发掘计划时，我把对宫殿区圈围设施的探寻作为一个重要工作项目提出，立下的"军令状"是：通过最小限度的发掘确认圈围设施的有无。在二里头遗址这样都邑延续二三百年且遭后世严重破坏的大聚落上，钻探仅能提供些微线索，而无法解决全部问题。鉴于二里头遗址发掘40余年来的多次钻探中均未发现宫城城墙的线索，我推测即使宫城城墙存在，其夯筑质量和保存状况肯定较已知的1号、2号宫殿基址差，以致难以辨识。对2号宫殿基址东墙是否即为宫城东墙的最简单的验证方法是，先揭开2号基址东北角，看看2米宽的东墙夯土是否继续向北延伸。

2003年春季，发掘工作按这一思路开始实施。当在新开的探方中，发现与2号宫殿东墙完全一致的条状夯土果真像推想的那样向北笔直延伸时，你可以想见一个考古工作者的暗喜。为什么只能暗喜呢？因为这还不能排除它是2号基址以北又一处院落的围墙，那就要看其在2号宫殿东南角以外是否也向南延伸。于是我又安排揭开2号基址东南角及其以南区域，在2号基址东墙南向延长线上开解剖沟，一来了解宫殿区东侧大道的结构与年代，二来在此"拦截"可能南伸的夯土墙。

在肆虐全国的"非典"到来前夕、当年"中国十大考古新发现"揭晓之际,我临时有事回北京,在与我的老同学——山东省文物考古研究所副所长郑同修(后任山东省文物考古研究院院长、省博物馆馆长)举杯同庆他们的"日照海曲汉代墓地"项目入选"十大"之时,我仍按捺住已撩拨起的兴奋心情,只向其透露了这种可能性。当我不顾当年笼罩全国、越来越凝重的"非典"阴霾,急切地返回工地,得知2米宽的夯土墙同样是继续向南延伸的时候,欣喜之情才溢于言表。伴随突发事件的复杂心灵感受与面临突破性发现的兴奋心情交织在一起,构成了2003年春我的心路历程。我甚至要"感谢""非典",当时中国农村的"严防死守"让我们减掉了许多惯常的应酬,可以更专心于扩大我们的战果。于是向北向南一路追探,以钻探为先导,每隔30~50米开探沟解剖确认。这样,到了5月下旬,这道夯土墙可确认的长度已近300米,可以肯定属宫城城垣无疑,而2号宫殿基址就是依托宫城东墙建成的。"非典"过去,中国最早的宫城遗存重见天日,这是当年夏季我40岁生日来临之际最值得庆贺的事。

2003年秋至2004年春,我们又乘胜追击,一举发现了保存完好的宫城东北角,确认宫城东墙长300余米、北墙残长约250米、西墙和南墙分别残长100余米。至此,一座总面积达10.8万平方米的宫城被揭露了出来。这座呈纵长方形、始建于距今约3600年以前的宫城形制方正规整,方向接近磁北,形制布局与后世宫城最为接近,虽然面积仅是明清紫禁城的七分之一左右,却是后世中国古代宫城的鼻祖。它和它所圈围起的大型宫室建筑,构成整个都邑的核心。这一重要发现也因而被评为2004年度"中国十大考古新发现"之一。

由是想起早年听著名考古学家苏秉琦教授在一次讲座中谈到的一句话，记得苏先生的大意是：在考古工作中，你只有想到了什么，才能遇到什么。这让当年还在上大学的我百思不得其解。当时的想法是这好像有点"唯心"，在以实证为特征的考古学研究中尤其讲不通。但在经历了多年的考古实践后，我逐渐意识到这句话的分量和真谛之所在：机遇属于有准备者。从这个意义上讲，二里头宫城，不是我们幸运地碰上的，而是通过学术设计

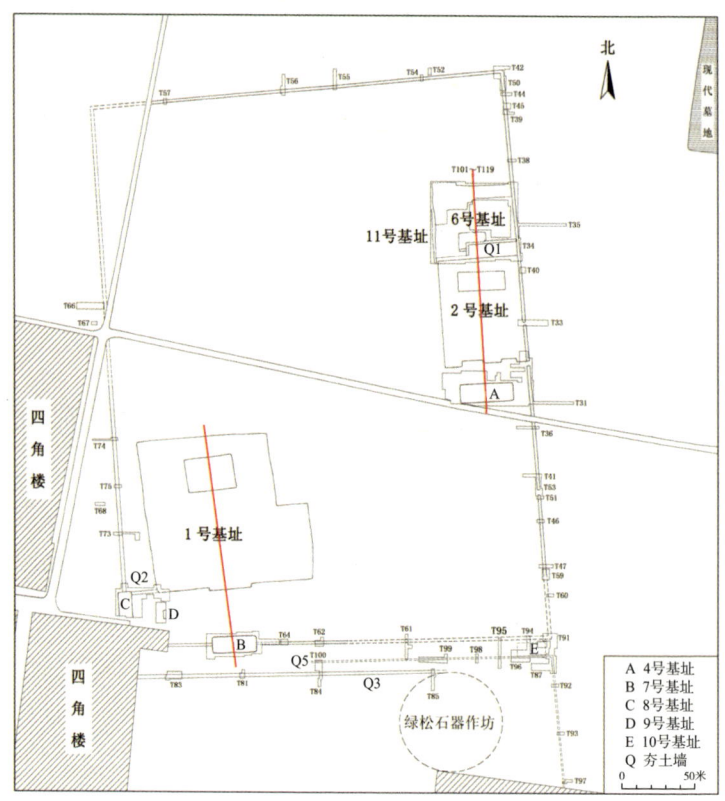

二里头宫城及其内的建筑群、围垣作坊区与绿松石器作坊

"想"出来并且验证到的。

"工城"：又抱一"大金娃娃"

中国有句老话叫纲举目张，比喻抓住事物的关键，可以带动其他环节。我们对二里头遗址中心区总体布局的探索，就尝到了其中的甜头。在新世纪之初的那几年，重要发现在我们手里层出不穷。

在安排追探井字形大道和宫城城墙四至的过程中，技师们于宫城南大路以南，又发现了一道夯土墙，该墙与宫城南墙大体平行，二者隔路相望，这使我大喜过望。前辈们在二里头遗址发现之初就发掘了铸铜作坊，1980年代初期更进行了较大规模的发掘，这是中国最早的铸造青铜礼容器的作坊。在二里头时代，铸铜作坊仅见于二里头都邑，青铜礼容器的生产、分配都紧紧把握在最高统治阶层手里，它是王权的象征，具有独占性。铸铜作坊的位置，就在宫殿区以南，临近古伊洛河北岸的高地上，目前确认的范围在1.5万平方米以上。因此这道夯土墙的走向就显得极为关键，当时分析，它最有可能是作坊区的北墙。以高墙深垒保护这一"国家级高科技产业基地"，是意料之中的事儿。

这个想法很令人兴奋，于是，我安排技师继续向两边追探。遗憾的是，这道夯土墙向西钻进了四角楼村民居的下面，向东延伸一段后，东端与同期建筑相连，现知长度已逾200米，编号为3号墙。开设解剖沟发掘的结果，确认这堵墙夯筑质量极好，建筑年代在二里头文化末期。继续向东追探的结果是，在此墙延长线稍偏北，另一堵与3号墙大体呈一线的夯土墙（编号为5号墙）向东延伸160余

2012年冬，围垣作坊区钻探现场

米，然后直角折向南，形成围垣作坊区的东墙，该墙在宫城东墙的延长线上，向南延伸80余米后为四角楼村民居所压。如是，可确认东西向的3号墙和5号墙，构成围垣作坊区的北墙。发掘确认5号墙始建于二里头文化早期，夯筑质量不及3号墙。看来，作为围垣作坊区北墙中段和西段的3号墙，是二里头文化末期增筑的。2019年，为配合遗址公园建设，在四角楼村该地段民居拆迁后，我队又做了补充发掘，发现了围垣作坊区夯土墙的西北角。这是后话了。

2004年春季，我们在新发现的围垣作坊区北墙3号墙以内，发现了二里头文化晚期的绿松石料坑，内含大量绿松石原料、毛坯、破损品和废料等。当年秋季我们即在该坑周围进行了仔细的钻探，并进行了局部试掘。经钻探得知，料坑附近及以南不小于1000平方米范围内集中见有绿松石料，此范围以外则基本不见。

由此推测，这里应是一处绿松石器制造作坊。从现有出土遗物看，该作坊的主要产品是绿松石管、珠及嵌片之类装饰品。这是中国最早的绿松石器制造作坊。

由是，我倾向于认为围垣作坊区北墙和东墙应围起了一个封闭的空间，新发现的绿松石器制造作坊、早年发掘的铸铜作坊都应在其范围之内。这一围垣设施为探索二里头遗址的官营手工业作坊区及其社会生产结构和城市制度提供了重要的线索。曾长期在二里头遗址工作的杜金鹏研究员将其称为与宫城并列的"工城"，着实不为过。这一与宫城等宽的庞大的作坊区，已不是一个大院落。它作为官营经济区，与居中的作为政治区的宫城，和更北的作为宗教区的祭祀遗存区，构成了纵贯二里头都邑中心区的都邑大中轴线。

2013年春，围垣作坊区发掘现场

二里头遗址全景（北←南）

由上述我们在"不动产"上的发现可知，二里头遗址是一处经缜密规划、布局严整的大型都邑。应当说，上述考古学现象的存在及这一结论的得出并不出乎我们的意料。作为权力中心的中国早期都城属于政治性城市，它可以没有城墙（其有无取决于当时的政治、军事形势，战争的规模与性质乃至地理条件等多种因素），但绝不能没有规划性。规划性是中国古代城市的一个重要特征，而二里头都邑规划性的判明，对于探索中国文明的源流具有重要的标尺性意义。

如果我们再把视野移向二里头遗址所处时代以前，可知即便像浙江杭州良渚、山西襄汾陶寺、河南新密新砦遗址这样的超大型聚落，其城壕的建造开掘无不是因地制宜，不求方正，迄今尚未发现集中而排列有序的大型夯土基址群及环绕它们的规矩方正的宫城。相比之下，二里头遗址的聚落形态与良渚、陶寺、新砦等超大型围垣或环壕聚落间有着飞跃性的、划时代的变化，而与郑州商城、安阳殷墟及其后的中国古代都城的面貌更为接近。因此，二里头遗址是迄今可以确认的最早的具有明确规划，且与后世中国古代都城的营建规制一脉相承的都邑。从这个意义上讲，二里头遗址的布局开中国古代都城规划制度的先河。

上述初步结论，还只是阶段性的。按照做"不动产"考古的思路，二里头考古队探索遗址总体布局的脚步一直没有停歇。2012—2013年，我们在找寻围垣作坊区西墙的过程中发现了一道南北向的夯土墙，但这堵墙比我们推测的宫城西墙延长线要偏西10余米，而这正是宫城西墙外大道的宽度（二里头工作队 2015）。虽然那一带遭破坏严重，有些现象无法究明，还不能排除这堵墙是围垣作坊区西墙的可能性，但从其位置上看，它更有可能是与围垣作坊区隔路相望的西边另一个大的围垣设施的东墙。您看，与其说我们解决了什么问题，不如说我们提出了更多的问题。考古发现带来的问题永远比答案多，我们说不清楚的永远比能说清楚的多。现在，我的同仁们正带着这些问题，继续在二里头遗址上探索着那些待解之谜。

参考文献：

中国科学院考古研究所二里头工作队：《河南偃师二里头遗址三、八区发掘简报》，《考古》1975年第5期。

赵芝荃：《论二里头遗址为夏代晚期都邑》，《考古》1987年第2期。

中国社会科学院考古研究所编著：《二里头陶器集粹》，中国社会科学出版社，1995年。

杜金鹏、许宏主编：《偃师二里头遗址研究》，科学出版社，2005年。

许宏：《"华夏第一都"——河南偃师二里头遗址宫殿区》，《中国年度十大考古新发现（2004年卷）》，生活·读书·新知三联书店，2006年。

许宏：《最早的中国》，科学出版社，2009年。

中国社会科学院考古研究所二里头工作队：《河南偃师市二里头遗址墙垣和道路2012—2013年发掘简报》，《考古》2015年第1期。

许宏：《大都无城——中国古都的动态解读》，生活·读书·新知三联书店，2016年。

中国社会科学院考古研究所编著:《二里头考古六十年》,中国社会科学出版社,2019年。

中国社会科学院考古研究所二里头工作队:《河南偃师市二里头遗址宫殿区5号基址发掘简报》,《考古》2020年第1期。

二里头"1号大墓"的是是非非

迄今所知二里头文化400多座墓葬中唯一的一座大型墓,号称夏王朝金字塔的塔尖。30多年后这个"塔尖"被证伪,你说它是不是颠覆认知级的现象?

大墓惊世

河南偃师二里头遗址,一般认为属于夏王朝晚期都城,都城的兴盛期大致在公元前1700—前1500年间。在60年的勘探发掘中,一系列考古发现令人瞩目。其中有一项重要发现,尤其闻名遐迩,那就是已发掘的400多座二里头文化墓葬中仅有的一座"大墓",称其为二里头国家金字塔的塔尖也不为过。

说到"大墓",得让诸位有个概念,到底多大才算大墓?普通人类身高1米多,所以不超出实用范畴、不奢靡的墓葬长度有2米就足够,宽度半米放进全尸没问题,宽度为1米的话就能堆放不少随葬品。这就是从二里头之前的新石器时代到青铜时代一般平民甚至普通贵族的墓葬规模,所以面积2平方米左右的墓葬可称为中型墓,仅能塞进人的大概就可归入小型墓。从新石器时代晚期开始,面积超过6平方米(3×2米)甚至达到20多平方米,且随葬品丰富的贵族墓开始登场,如浙江杭州良渚、山西襄汾陶

1978年，2号宫殿基址发掘现场

寺、山东临朐西朱封遗址所见。这类早期国家形成期的贵族甚至王族墓葬，考古学界认为就可以称为"大型墓"或"大墓"了。

这样，我们就有了一个坐标，可以想见面积达20多平方米的二里头"大墓"在考古人心目中的地位。

该"墓"发现于1978年秋对2号宫殿的发掘中，那还是二里头遗址自1959年发现起，第一任也是第一代二里头考古队队长赵芝荃先生的任内。2号宫殿的具体发掘负责人则是郑光先生，他于1980年接替赵芝荃先生成为第二任队长。1999年，我又接任成为第三任队长，这是后话。

这座"大墓"的资料最早见于发掘简报（二里头工作队1983），编号为M1（M就是墓葬一词"墓"字的拼音首字母），学界习称"1号大墓"（鉴于种种疑点，下文中提及时均加引号）。考古资料对外刊布的流程是，一般先在专业期刊上发布简报，然后再出版单行本的正式报告。简报的结语部分如此评述道:"二号宫殿遗址北部有一与之同时的大墓。规模与殷墟妇好墓相当,这是我国迄今所知最早的大墓。它在整个建筑中所处的地位,它们之间有无主从关系,二号宫殿遗址是否属宗庙之类的建筑,都是值得我们思考的。"

简报对其性质的论断,基本上为学界日后的讨论研究所沿用。较早对二里头文化墓葬进行系统梳理的论文,都将该"墓"作为唯一的大型墓加以讨论。下面对"1号大墓"及其所处的二号宫殿建筑的评述具有典型性:

> 大型长方竖穴墓,从墓室占地面积庞大的现象看,其非二里头文化时期的贵族墓或王者墓莫属。这种墓形,奠定了二里岗商文化时期贵族墓发展的基础,对进一步探索商殷时期陵寝制度的渊源尚具有特别的意义。(郑若葵 1994)

> 大墓坐落在二号宫殿的中线的位置上,这不仅表明大墓与殿基是一组完整的建筑体系,而且还表明大墓在这组建筑中居于首要的地位……宫殿基址还是围绕大墓而修建的,殿址从属于大墓……在如此显贵的统治者的墓葬之前,营建如此规模的宫殿并被用于对死者的祭祀,这表明,二号宫殿绝不是一般的祭祀性建筑,而应是王室宗庙建筑。(叶万松等 1995)

> 根据它埋葬的特殊位置和墓坑的规模,足以把墓主人看

成是一位国王。同时也说明二号建筑乃是专为奉祭先王而设的宗庙,与一号宫殿的性质不同。(严文明 1996)

而就目前的认识而言,这处遗迹并非"大墓";如是,则二里头国家社会结构的金字塔塔尖也就不存在了。回顾发现与探索历程,再现围绕这座"大墓"的学案,发人深省。

疑团重重

简报中关于"1号大墓"的报道仅数百字,没有发表线图或照片。后来出版的正式发掘报告(社科院考古所 1999,以下简称报告),介绍此遗迹的字数和内容与简报基本相同,没有详细交代该"墓"的具体情况,仅多发表了一张平面图。众所周知,考古信息是以图文并茂见长的,无图无真相嘛,这也是考古的魅力所在。

 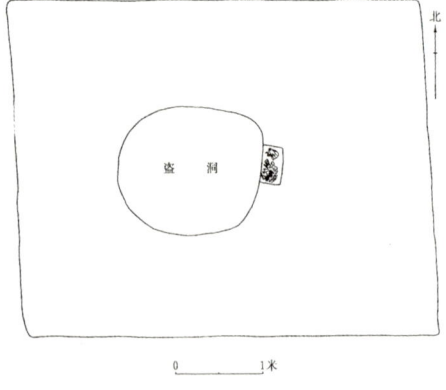

《偃师二里头》报告及其中的"1号大墓"平面图

而介绍信息时平面和剖面相结合,可使得遗存立体化、生动化,所以成为我们资料刊布的"科学八股"。如此重要的一座"墓葬",在正式考古报告中,居然没有发表剖面图及图版(照片),应当说是不合常理的。

简报和报告都强调"墓的南北中轴线与南面门道的中轴线相应,北面的大墓与南面的垫房在一直线上"。这一方位与定性推断在"夏商周断代工程"的成果报告(工程专家组 2000)附图上得到了强化。

简报在于简要,报告则贵在全面。但对比简报,会发现正式报告反而比前者又少了一项内容。简报在述及该"墓"的出土物时,曾交代"(打破该'墓'的)汉墓墓道东壁内深2.5米处出一陶龙头,龙头上有朱砂或朱漆",这一句不见于后来的正式报告。

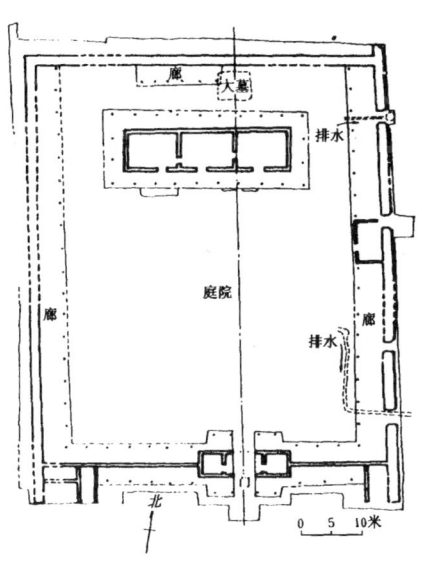

《夏商周断代工程1996—2000年阶段成果报告》中的"二里头遗址二号宫殿基址图",强调了"大墓"的重要性

这件龙头，后来经常被学者引用，作为"1号大墓"规格之高，甚至相当于王墓的证据之一。报告编写者最终剔除了这件器物，想必是有原因的。最易使人联想到的，是它很可能属于打破"大墓"的汉墓墓道内的出土物，而与这座二里头都邑的"大墓"完全没有关系。编写报告前要复查检核资料，估计那时鉴定出这陶龙头应属汉代，所以就做了"合理剔除"。这种自我纠错，在考古学界属于常事。

简报确认M1"被盗"，为"随葬品"的贫乏提供了极好的解释由。而"在盗洞发现少量朱砂和漆皮及蚌饰片"（简报），后来则被研究者引申为"底铺朱砂""残存漆木棺"（李维明 1994；郑若葵 1994），这类演绎分析进一步强化了这处遗迹属于"大墓"的叙事。

自简报发表的1983年至21世纪之初的近30年来，似乎没有学者撰文质疑过"1号大墓"。我在世纪之交接手二里头考古队的工作时，曾系统梳理过已发表的资料，对"1号大墓"，以及因主殿后有"大墓"而被认为应属宗庙遗址的二号宫殿建筑，当然都极为关注。翻读简报和刚出版的报告，看出"1号大墓"的一些疑点来。

我注意到，最早对该遗迹表现出存疑态度的，应该是日本京都大学的冈村秀典教授。他在2003年出版的《夏王朝——王权诞生的考古学》一书"墓葬的阶层性"一节里写道："可以被认定为王墓的大型墓尚未发现"，此外只字不提"1号大墓"。插图"二号宫殿址"中，所有遗迹也只有线条而不加文字。这使我大为钦佩。在无法肯定也没有条件否定的情况下，能有如此平实的思考和表述，是极为难能可贵的。

杜金鹏大概是最早对该遗迹为墓葬说持否定态度的学者，他在2005年发表的论文中专辟"'大墓'的年代与性质"一节加以分析：

> 在二里头二号宫殿主殿后面，有一个竖穴式深坑，编号M1……细检有关资料，笔者认为"墓葬说"值得怀疑，理由如下：
>
> 一，所谓"墓室"底部的面积，比二里头遗址通常所见中型墓葬之墓室面积要小，不适合放置棺木。据报道："墓室"通深6.1米，底部长1.85米，宽1.3米。根据二里头遗址历年发掘资料，凡是出土铜器、玉器的中型墓葬的墓室，长度一般在2米以上，不少小型墓葬也达到1.8米，中型墓葬的墓室深度一般为1.5米以内。二号宫殿的这座"大墓"的墓室底部长度作为中型墓葬尚嫌短狭，与大型墓葬更当有些差距。
>
> 二，在二里头遗址，无论是小型墓还是中型墓，其方向以南北向占绝大多数，东西向墓葬只是极少数。二号宫殿的这座"大墓"为东西向，与二里头常见墓葬的方向不同。它的深度又异乎寻常达到6米以上，也与正常墓葬的可能深度不相称。
>
> 三，"大墓"的二层台为生土，不是椁室外围积的填土，而只是防止土壁坍塌的措施；二层台高度不一，西高东低。《D2简报》(宏按：D是宫殿一词"殿"的拼音首字母；D2,

指 2 号宫殿)、《报告》说：墓室深度为中部 1.2 米，西部 1.7 米，东部 0.95 米，相差较大，与一般墓葬周圈二层台高度相仿，以便承托椁盖的情形不同，再次表明这只是收缩坑穴以防坍塌之措施。

四、"在墓室底部出土有少量烧过的骨头渣"，当时未作科学鉴定，不排除是祭祀时牺牲品。填土中发现盛在漆匣中的狗，在坑口出土卜骨一块，这类遗存墓葬中虽可存在，但祭祀坑中更可能具有这类遗存。

总之，所谓的"大墓"并非墓葬，至少不是正常墓葬。

（杜金鹏　2005）

除了杜金鹏先生指出的几点外，从简报和报告对"1号大墓"的介绍中还可以看出一些问题。

阴暗狭窄的位置：注意这几个数据：在高大的中心殿堂后，"北距（二号宫殿）北墙约 0.9 米、南距中心殿堂台基 1.5 米"。北面几乎紧贴夯土高墙的墙根，南面约 2 米就是中心殿堂的廊柱。

倾斜的"二层台"："二层台"西高东低，杜先生已指出。报告说"呈斜坡状。从墓口至二层台深度，西边为 4.35 米，东边 5.1 米"。墓口长约 5.3 米，由于有收分，"二层台"的长度已不足 5 米。在不足 5 米的距离内，"二层台"的落差居然有 0.75 米，请想象一下其斜度，这在墓葬考古中应该是没有第二例的。

早期大盗洞：报告说"墓中间有一个早期的大盗洞，盗洞直通墓底，未见随葬品及人骨"。"早期"一词，颇值得玩味。"早"到何时？应当理解为其中没有发现晚期遗物。因为如果有汉代遗

带二层台的墓葬（陕西高陵杨官寨遗址）
二层台，是考古工作者对土坑墓穴内与棺木顶面大致平齐的四壁台阶的称呼。这类台阶或系挖建墓穴时预留的，或者是下棺后在棺的周围夯打填土而成，因而二层台应该是大致水平的。

物，就可以说是汉代盗洞；有二里岗上层（二里岗文化晚于二里头文化，早于殷墟文化，一般认为应属商王朝早期，约当公元前1500—前1350年。"二里岗下层"是对该文化早期阶段的旧称，"二里岗上层"则相当于晚期阶段）的遗物，则可以判定为二里岗期盗洞或毁墓遗迹。都不是。看来没有晚于二里头时期的遗物出土，那就可以理解为与"墓"大体同时吧？但若仅是工序上晚于"墓"内所填夯土，那还能叫盗洞吗？"墓"内"未见随葬品及人骨"，那还能叫"墓"吗？

这就是我接手二里头之初对"1号大墓"的印象。

关于"1号大墓"的性质，杜金鹏先生提出了两种推测：

其一，这是建造主殿前夕或者宫殿建成之初，举行一次大型祭祀活动之遗留。具体说，一种可能性是"奠基祭祀"类遗存……

其二，是特殊墓葬，或许与本宫殿的性质密切相关……实际上，"特殊墓葬"的可能性不大。

无论"大墓"的性质如何，有个现象值得我们注意，这就是大殿后面狭小、阴暗、本应为僻静之处的地方，却是个人们频繁活动的场所……因此，"大墓"所在的主殿后面显然是一个十分重要、神圣的场所。在这里举行的祭祀活动，当非止一次。

要之，笔者认为二里头遗址二号宫殿后面的M1，并非墓葬，而应是祭祀坑。（杜金鹏　2005）

"并非墓葬"，支持；"应是祭祀坑"，我们则有不同的看法。"1号大墓"的种种疑团，有待破解。

再探究竟

自2001年起，二里头考古队的工作重点一直是二里头遗址中心区，我们在2号宫殿所在的宫殿区东部，确认了比其更早的大型建筑群，和与其同时的具有明确中轴线的大型建筑群。晚期遗迹叠压或打破早期遗迹，在田野考古工作中，我们往往尽可能利用前者（如近代沟渠、汉代墓葬等）的剖面来了解后者的情况；同时，上述资料显现出的"1号大墓"的种种疑点，也使我们希望通过再发掘来确认这一特殊遗迹的性质。2002年春季，我们对20多年前发掘、已回填成为农田用地的"1号大墓"进行了再发掘（社科院考古所 2014）。至此，围绕相关问题的若干疑点，开始明晰起来。

首先是简报、报告所述"二层台西高东低，呈斜坡状"，是因为这座"大墓"挖在一条填满垃圾土的早期大沟的斜坡上，在"大墓"的范围内，沟里疏松的腐殖质黑灰土被悉数挖净，直至倾斜不平的沟底，然后取优质的黄褐土充填并夯打结实。所谓斜坡状的"二层台"，其实就是沟底松软的灰土与致密的生土间的分界线。

另外，报告明确说"二层台以下至墓室底部的深度，中部为

再揭开的"1号大墓"底部仍见有地下水，1978年的水位要高过"二层台"

"二层台"之下是生土，生土乃考古术语，指未经人类活动扰动过的土。与其相对的是"熟土"，指人类扰动过的、留下其行为痕迹的堆积。

1.2米，西部为1.7米，东部为0.95米"。其实1978年发掘的当时，地下水位很高，大概3米多深就见水了。"二层台"以下的部分应该都在水面以下，三个数据构成的倾斜的"墓室底部"，应是根据水面以下钻探结果的推测。2002年春季我们再发掘时，水位线已降到距地表10米以下，这应该是多年来人们过度开采使用地下水的结果。我们将"二层台"以下的"墓室"发掘到距"二层台"约1.9米深时，因遇到地下水而停止下挖。而后向下钻探2.5米仍不见底部生土，因此，这个遗迹的实际深度可达9米以上（社科院考古所　2014），而不是报告所说的"从墓口至墓底深6.1米"。从所谓的"二层台"开始向下深4米以上，而报告却肯定地说"二层台"以下1米左右即达"墓底"，由于这符合一般墓葬的情况，使得人们无法怀疑"1号大墓"的性质。

当时的发掘，与两年前的1976年殷墟妇好墓一样，是在水面下进行的吗？无从得知。中国考古发掘报告的行文从20世纪50年代以来越来越简约，忽略了大量发掘过程的细节描述，也失去了不少有益的信息。是建国后经济困难导致纸张短缺而不得不惜墨如金，还是当时业务领导的学术要求和引领作用所致？这都是学术史上饶有兴味的问题。我在多年前的一篇书评中就曾感慨道：

> 作为考古学的后学，从大学时代起，我就痴迷于学术史和考古学家传记，企望能从中感受到鲜活生动的而不是概念化的、一脸严肃的前辈们，汲取进一步前行的营养。这些生动的细节在上个世纪前半叶出版的考古报告中还是可以

读到的。此后,我们"业内"的行文格式逐渐变得惜墨如金,且不说心路历程,就是探索和研究过程(其实这从学术的角度讲也是极有价值的)也都省简了。由是我常常有一种"杞忧",即再过一段时间,后人仅凭着我们这一代的出版物来写这一段的发现与研究史或考古人的传记时,许多过程大概要语焉不详,要想追求鲜活生动恐怕更是奢望了。(许宏 2002)

回归正题。2002年当年,我们在二号宫殿北墙外还新发现了一个类似的遗迹,同仁们在发掘现场戏称其为"2号大墓"。该坑坑口面积达15平方米多,整个坑底呈倾斜的趋势,深3米多,下凹处都是为挖净灰坑软土所致。坑内以夯土填实,中部有一竖穴。夯土坑底面(相当于"1号大墓"的"二层台")以下的竖穴(相

新发掘的类"大墓"土坑,坑壁上有脚窝

当于"1号大墓"的"墓室")深4米多，长方形坑壁上还有当时施工时为爬上爬下而挖的脚窝，距原坑口8米多才到底（社科院考古所 2014）。

在上述两处相似的遗迹中，倾斜的"二层台"以下，"墓室"深度均达4米以上，且发现常见于水井、窖穴等较深遗迹的脚窝，这就彻底否定了它们为墓葬的可能，也没有证据表明其与祭祀行为直接相关。

水落井出

既然不是墓葬，那这类遗迹是什么呢？触类旁通，我们可以把它与以往考古发现中似乎风马牛不相及的一个现象加以类比，也许能找到确认其功能的线索。

目前已发掘的二里头时代的水井，均为长方形，长度多在2米以内，深7~10余米不等；井壁上有脚窝，是其重要特征。"1号大墓"中的"盗洞"（井坑上部因塌方常近不规则圆形）或"墓室"，以及上述我们新发掘的大坑中间井筒的部分，与上述水井的特征正相符合。

那么，两处遗迹上部较大的长方形夯土坑又作何解释呢？我们将视野移至同处中原腹地、年代上较其稍晚的郑州商城二里岗文化的同类遗存。郑州商城东北部和东部夯土宫室建筑基址集中的区域，曾发现过若干制作考究的水井，这类井比一般只有井筒（圹）的井多出了一个外缘的井坑。

例如，郑州东里路河南中医学院家属院里发现了一眼水井，

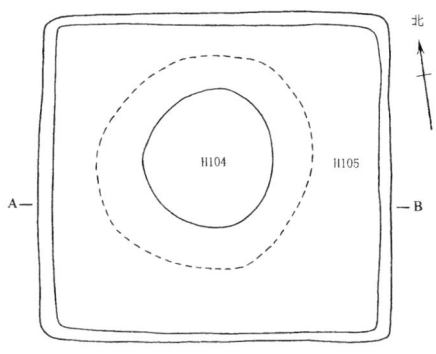

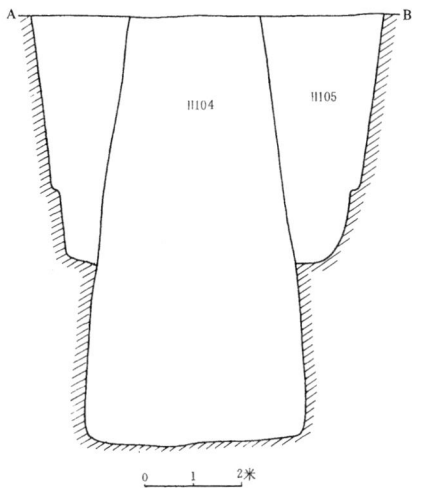

河南中医学院家属院内发现的郑州商城二里岗文化的夯土井（平、剖面图）

"由于这一带的地层堆积是上部为约3~4米的风积沙层或冲积沙层，挖的井壁容易倒塌，所以在挖井前先在拟挖筑水井的地方，挖出一个……近方形平底坑……并在坑内填土夯实。然后再在……中间向下挖出口径2.7米、底径4.4米、深8.6米的口部略大于底部（宏按：应为口部小于底部）的圆竖井形井体。这样就避免了井壁上部因为沙层而出现倒塌的现象"(河南省考古所 2001),类似的夯土井还有好几处。

发掘者指出,这类水井"为了避免流沙使井壁塌陷,又都在井外先挖好井坑,后下挖井筒,这种工艺结构在别处是不多见的,由此可以证明,位于宫殿建筑附近的水井应与宫殿区供水有密切的关系"(河南省考古所 1993)。井坑填土经过夯实处理,用工量显然大于一般的水井。一个口径面积数平方米的井需要先挖一个20~30多平方米大小的方形坑来加固井壁,如果井坑内填土的硬度不如其外的土,那井坑也就没有存在的必要了。

现在,我们把上述郑州商城遗址水井的井坑与二里头"1号大墓"以及新发现的类"大墓"土坑外框相比照,而把这些水井的井筒与二里头"1号大墓"直达"墓底"的"早期大盗洞"和类"大墓"土坑中的井筒相比照,就不难发现,它们应属同类遗存。"1号大墓"是否就是先挖一个20多平方米的方坑去除虚土,然后取密实的土加以夯筑,再在夯土上挖出井穴以免塌方?

这是否也就推出了二里头都邑的另一个"之最":这里发现了中国最早的带有夯土井坑的水井?我们在考古报告《二里头(1999—2006)》中给出了推断意见:"所谓的长方形墓坑及墓内'皆经过夯打'的填土,应为挖建水井之前为防止井壁坍塌而挖建、夯打的基础坑,所谓的盗洞,应为水井之井筒"(社科院考古所 2014)。

回头再看杜金鹏先生对该遗迹的分析,是否也符合水井的特征:

"大殿后面狭小、阴暗、本应为僻静之处的地方,却是个人们频繁活动的场所。"(频繁到井台汲水嘛!)

"《报告》称:'在主体殿堂建筑的四周,普遍发现有路土,以主体殿堂基址的北面的路土最厚,4~5厘米,质地较坚实,起厚片,非一时形成。在M1附近路土层的底部十分平整,并铺着整齐的石板,应为当时的地面。'"(井台铺石板防滑耐踩嘛!)

"因此,'大墓'所在的主殿后面显然是一个十分重要、神圣的场所。在这里举行的祭祀活动,当非止一次。"(为祭祀等活动而取水,当然神圣,也肯定不止一次,井台嘛!)

鉴于二里头文化唯一的一座"大墓"并不存在,故我们在《二里头(1999—2006)》考古报告的墓葬分类中,放弃了以往习见的"中型墓""小型墓"的称谓,而改为1、2、3级的墓葬分类语汇,这种表述显然更平易客观。

在考古发掘和记录手段不断趋向精细化、中国考古学学科处于转型期的今天,关于二里头"1号大墓"学案的意义,也就不仅限于重温学术史的层面了。对遗迹功用的推断,既取决于原始材料给出的信息,也受限于包括当下在内的每个"当时"的学术认知(许宏 2017)。但无论如何,实事求是,忠实记录,慎于演绎,是考古学者要坚守的准则。对考古人探索历程之原委和底蕴的梳理,相信会有裨于未来的探究。

参考文献:

中国社会科学院考古研究所二里头队:《河南偃师二里头二

号宫殿遗址》，《考古》1983年第3期。

河南省文物研究所：《1992年度郑州商城宫殿区发掘收获》，《郑州商城考古新发现与研究（1985—1992）》，中州古籍出版社，1993年。

郑若葵：《论二里头文化类型墓葬》，《华夏考古》1994年第4期。

李维明：《从二里头文化晚期遗存与先商文化异同看其性质归属》，《华夏考古》1994年第3期。

叶万松、李德方：《偃师二里头二号宫殿夏都宗庙论》，《夏商文明研究——91年洛阳"夏商文化国际研讨会"专集》，中州古籍出版社，1995年。

严文明：《中国王墓的出现》，《考古与文物》1996年第1期。

中国社会科学院考古研究所编著：《偃师二里头：1959年—1978年考古发掘报告》，中国大百科全书出版社，1999年。

夏商周断代工程专家组编著：《夏商周断代工程1996—2000年阶段成果报告（简本）》，世界图书出版公司，2000年。

河南省文物考古研究所编著：《郑州商城：1953年—1985年考古发掘报告》，文物出版社，2001年。

许宏：《走近一群人，留住一段史——读〈手铲释天书：与夏文化探索者的对话〉》，《中国文物报》2002年2月22日。

冈村秀典：《夏王朝——王权诞生的考古学》，讲谈社（东京），2003年。

杜金鹏：《二里头遗址宫殿建筑基址初步研究》，《考古学集刊》第16集，文物出版社，2005年。

中国社会科学院考古研究所编著:《二里头(1999—2006)》,文物出版社,2014年。

许宏:《二里头遗址"1号大墓"学案综理》,《中原文物》2017年第5期。

"超级国宝"绿松石龙现形记

中国是龙的国度,龙甚至被提升到中华民族图腾的高度。龙形象文物源远流长,最早出现于距今8000年前。但最初的龙形象异彩纷呈、五花八门。与中国古代文明一样,龙形象也经历了一个从多元走向一体的进程,它的规范化与程式化,与最早的广域王权国家的形成大体同步。二里头都邑大型绿松石龙形器的问世,可以看作这一进程的一个大的节点。

宫殿区内的贵族墓

在2004年度全国"十大考古新发现"评选汇报会上,二里头遗址2002年发掘出土的贵族墓中的一件大型绿松石龙形器引起了与会专家和公众的极大兴趣,这是中国早期龙形象文物的又一重大发现。这条碧龙"生存"在怎样的环境中,为什么迟至2004年才"浮出水面"呢?

话题还要先回到世纪之交。1999年,二里头遗址发现与发掘40周年之际,我作为二里头考古队的第三任队长,从前辈手中接过了接力棒。新官上任,有许多学术设想,于是在钻探确认了遗址的现存面积及成因、所处微环境、大的功能分区后,把注意力集中到对以宫殿区为中心的遗址中心区的探究上来。

二里头宫殿区发掘现场

2001年秋开始,根据前辈工作的线索,我们在二里头遗址宫殿区东部揭露出相互叠压的二里头文化大型建筑基址群。在二里头文化晚期的建筑基址下,发现了一座规模更大、结构更为复杂的建筑基址,我们将其编为第3号基址。这是一座(或一组)多进院落的大型建筑,其主体部分至少由三重庭院组成。时代则相当于二里头文化早期,约当公元前1700—前1600年前后。这是迄今所知中国最早的多进院落的宫室建筑。

发掘大型都邑遗址,最基本的工作方法是只揭露到最上层的建筑基址的表面,清理打破基址的更晚遗迹如墓葬、灰坑等,利用这些遗迹的剖面来观察早期建筑和其他遗迹的情况。至于建筑的院落则只清理到踩踏面也即当时的地面,而不能像发掘一般小型村落那样,竭泽而渔地清理掉所有的文化堆积。这也是一种"可持续发展"的战略吧。

2002年4月上中旬,发掘工作在紧张有序地进行中。一天上午,年轻队友李志鹏(本所同仁,当时来我队协助工作)走到我身旁,压低了声音说:"许老师,出铜器了!"我赶忙和他来到他负责的探方,这个探方中有一座很大的二里岗文化时期的灰坑,灰坑打破了二里头文化晚期建筑基址之间的路土和垫土,并穿透了其下叠压着的3号建筑南院中的路土。灰坑已基本清毕,刚才李志鹏在刮灰坑的坑壁剖面时,发现有铜器露头,他赶忙又用土盖好,向我报告。我们仔细剥去表面的覆土,一件饰有凸弦纹(青铜器纹饰的一种,顾名思义,类似于凸起的琴弦)的铜铃的一角露了出来,阳光下青铜所特有的绿锈惹人心动。近旁还有人骨露头,这应是一座身份较高的贵族墓!被灰坑破坏的只是其一部分。我马上让他盖好，先扩大发掘面积，寻找墓葬范围，确认其开口层位（考古学术语，指现存遗迹口部的堆积情况）。考虑到在考古发掘工地上协助工作的民工已知此事，决定安排人在工余时间不间断看守，直至最后清理完毕。保护好文物的沉重责任感甚至盖过了发现的欣喜。

经仔细观察，墓葬开口于二里头文化早期大型建筑——3号基址南院的路土层之间，说明墓葬系该建筑使用期间埋设的。因此，我们在墓葬正式清理前，已可确认其属于二里头文化早期。自1959年首次发掘以来的40余年间，二里头遗址出土青铜器的早期墓葬仅发现过1座。而且，根据以往的经验，出有铜铃的墓一般同出嵌绿松石铜牌饰及其他一些重要的玉器、漆器和陶礼器等。在这座墓发现前后，我们在该墓所在的3号建筑基址的南院和中院先后发现了建筑使用时期埋设的数座贵族墓，这些墓葬成排分布，间距相近，方向基本相同。尽管大多遭破坏，这些墓葬还是出土了不少随葬品。这是二里头遗址发现与发掘以来首次在宫殿区内发现成组贵族墓。成组高规格贵族墓埋葬于宫殿院内的现象，对究明这一建筑的性质和二里头文化的葬俗具有重要的意义。其中，3号墓又是这些墓葬中最接近3号建筑基址中轴线的一座，它的规格很可能高于以往在宫殿区周围甚至它近旁发现的同类墓。

从这批墓葬的规格上看，当时是有一定身份的死者才可以入葬其中的。也许除了贵族外，他们还有其他特殊的身份，而这种特殊的身份又应与建筑的性质有一定的关系（李志鹏 2008）。已有学者对包括3号墓在内的这些墓葬所在建筑基址的性质加以讨论，大多认为应属宗庙建筑，到目前为止还难以作出确切的推断。无论如何，可以排除这些墓葬属祭祀活动形成的人牲坑的可能，它们所在之处也绝非当时的墓地，应属有较高社会地位者的正常埋葬（杜金鹏 2006）。

这些埋葬于宫殿区的贵族墓，让人想到1970年代发掘的著名的殷墟"妇好墓"（社科院考古所 1980）。那是位于安阳殷墟宫殿宗庙区的一座高级贵族墓。妇好，一般认为是商王武丁的配偶，她为什么不追随武丁陪葬于王陵区，至今仍是个谜。而发现于二里头都邑宫殿区的这些贵族墓，或许可为解开这些谜团提供有益的线索。贵族墓埋入宫殿区的原因与性质也许并不相同，但无论如何，那时人的生死观念应该与今天不同，他们不避讳死人，甚至亲近逝者，有"居葬合一"的习俗，是可以肯定的。

我们把这座墓编号为2002VM3（即2002年第V工作区第3号墓）。墓葬为近长方形的竖穴土坑墓，墓的方向接近正南北向。当时大部分的墓葬都是这个方向，说明葬俗是有讲究的。在揭开墓葬上面叠压的路土层后，我们得知这座墓的长度超过2.2米，宽度达1.1米以上，残存深度为半米余。可不要小看了这墓的规模，如果与后世达官显贵的墓葬相比，它实在是小得可怜，但在二里头时代，它属于迄今发现的最高等级的墓之一（我们目前还没有发现王一级的墓葬，见本书《二里头"1号大墓"的是是非非》）。要知道，二里头遗址发掘40余年以来，已发掘的二里头文化时期的墓葬总数达400余座，但墓圹面积超过2平方米（即大体为2米长、1米宽）的贵族墓却仅发现9座（李志鹏 2008）。所以，这座墓值得我们期待很多！

出有绿松石龙的3号墓（图中右下为大灰坑破坏处）

前述二里岗文化时期的大灰坑打破了墓的西南部。墓主人侧身直肢，头朝北，面向东，部分肢骨被毁。后来经我所体质人类学家鉴定，墓主人是一名成年男子，年龄在30~35岁之间。墓底散见有零星的朱砂（这种红色矿物质是二里头贵族墓中的常见之物，一般认为应与宗教信仰有关，同时是身份等级的标志物），没有发现明确的棺木的痕迹，或许已腐朽殆尽。

墓内出土随葬品相当丰富，包括铜器、玉器、绿松石器、白陶器、漆器、陶器和海贝等，总数达上百件。墓主人头骨上方发现3件白陶器，呈品字形排列，2件顶面朝上，1件顶面朝下，可能为头饰或冠饰的组件。白陶器均呈斗笠状，顶部圆孔处皆有一穿孔绿松石珠，估计原来应该有丝带类的有机物把二者连缀起来。白陶器是二里头文化早期的贵族用器，但斗笠状器却属首次

3号墓随葬的斗笠状白陶器、铜铃和海贝

发现，也不见于以往在宫殿区周围发现的贵族墓。墓主人头部附近发现一件鸟首玉饰，其风格酷似长江中游一带的石家河文化的同类器，有的学者甚至认为其就是典型的石家河遗物而非仿制品。头骨近旁发现2枚较大的穿孔绿松石珠。大量海贝置于墓主人的颈部，数量超过90枚，每个上面都有穿孔，上下摞压，局部呈花瓣状，应该是颈部的串饰，即"项链"。这种海贝叫作子安贝，仅产于南海、印度洋及以南地区。远隔上千里乃至数千里之外的玉器和海贝类珍罕品出现于二里头都邑宫殿区内的贵族墓中，是一件颇耐人寻味的事。唯一一件铜器即李志鹏最早发现的铜铃，放置于墓主人的腰部，铃内有玉石质的铃舌，铜铃表面黏附一层红漆皮和纺织品的印痕，下葬时应以织物包裹。漆器的种类和数量较多，见于墓内四周，而以墓主人左侧最为集中，可以辨认的器形有饮酒器觚、钵形器和带柄容器等。陶器有酒器爵、封顶盉、象鼻盉，以及作为炊器和盛食器的鼎、豆、尊、平底盆等共10余件，这些器物都被打碎，放置于墓主人身旁（社科院考古所　2014；许宏　2016）。

在另外几座贵族墓中，还出土了玉柄形器、印纹釉陶器（或原始瓷）以及成组的蚌饰等珍贵遗物，其中也不乏首次发现者。

神秘的大型绿松石器

发现3号墓的当晚，我们即开始布置对墓葬进行"一级守护"。当时我手下有3名年轻队友（我队的陈国梁和外队来协助工作的李志鹏、唐锦琼）以及4名技师，又正逢山东大学历史文化学院考古系的研究生和本科生共9人来队实习，可谓兵强马壮。同学们听说要为了这一重要发现通宵值班，都非常兴奋，主动请战，女生也不甘示弱，跃跃欲试。

我们安排"两班倒"，上半夜一拨，包括女生，下半夜则全为男性。我们又从邻近的圪当头村借来一只大狼狗，把我们的"大屁股"北京吉普2020开去，车头对着黑魆魆的墓穴，隔一会儿用车灯扫一下。上半夜还比较"浪漫"，大家说说笑笑，数着星星，贪婪地嗅着晚春旷野上散发着麦香的空气，有男生还不时吼上一两句粗犷的民谣。下半夜则比较遭罪，4月中旬的夜晚，昼夜温差很大，在野地里要穿大衣。大家索性不睡，蜷曲在车里打牌，用一床大棉被合盖在几个人的腿上，被上放牌，大家戏称是为二里头贵族"守夜"。墓葬邻近圪当头村和四角楼村之间的土路，每有行人和车辆经过，大家都很警觉。

3号墓的清理紧张而有序地进行着。在墓主人的骨骼显露之前，已经有一些靠上的器物露头，其中就包括细小的绿松石片。我们对绿松石片的出土并不惊奇，如前所述，根据以往的经验，它应该是嵌绿松石牌饰的组件。但随着揭露面积的扩大，我们开

3号墓清理工作紧张进行

始意识到"遭遇"了前所未有的发现。

  绿松石片从墓主人的肩部开始，直到胯部一带，断续分布，总长超过70厘米。要知道，迄今为止在二里头遗址及中原周边地区发掘出土或收集到的，以及藏于世界各大博物馆或私人收藏家手中的镶嵌牌饰仅10余件，其绝大部分长度都在15厘米左右，最大的一件异形器的长度也只有20余厘米，而且一般都有铜质背托。3号墓的绿松石片则分布面积大，且没有铜质背托。墓主人肩部一带的绿松石片位置较高，较为零星散乱，我们推测系棺木腐朽塌落时崩溅而致，因而对其保存状况并不抱十分乐观的态度。位于墓主人腰部以及胯部一带的绿松石片则相对保存较好，有些还能看出由不同形状的绿松石片拼合而成的图案。这颇令我们激动。以往在龙山时代到二里头时代的贵族墓葬中就曾有大量的绿松石片集中出土，这些绿松石片原来都应黏嵌于木、皮革或织物等有机物上，出土时大多散乱而无法复原其全貌。散乱的原因除了棺木朽坏时为墓葬填土压塌外，也不排除清理者缺乏整器的概念或清理经验不足而导致其"只见树木不见森林"。回想起来，我们在阅读以往的发掘报告时，就经常在陶器、玉器等成形的耐用品介绍后，看到"此外，还有细小绿松石片若干"之类的描述，其实，它们大半应为某一镶嵌器物的"零部件"。因此，3号墓的这一发现弥足珍贵。但绿松石片极为细小，每片的大小仅有数毫米，厚度仅1毫米左右，清理起来极为困难，稍不留意，甚至用嘴吹去其上和周围的土屑都可能使绿松石片移位。而一旦有较大面积的移位，以后对原器的复原将成为不可能。

我意识到这样不行，清理得越细越不利于今后的保护和复原，于是紧急向我所科技中心求援。我所科技中心对易损文物的清理复原保护工作在文物考古界素享盛誉。电话打给了科技中心文物修复保护组组长李存信技师，讲明情况后，李存信表示即便他们赶赴现场，因条件限制也很难在极短的时间内完好地揭取出来，最好是整体起取，运回室内，再按部就班地清理。

就这么办！夜以继日地看守和清理，已使大家人困马乏，文物在田野中多放一天就意味着多冒一天的风险。何况，最重要的是一定要把这件珍贵文物妥善地保存下来。于是，我们改变战略，停止对大型绿松石器的细部清理，同时抓紧时间清理其他遗迹遗物，照相、摄像、记录、绘图——考古操作程序一样都不能少。对于绿松石器，仅在平面图上标示出已知的大致轮廓。另一拨人

3号墓漆器起取现场

则准备木板、绳子、钢丝、石膏等备品,准备整体起取绿松石器。

在按照田野操作规程获取了墓葬的基本数据材料后,我们开始整体起取大型绿松石器。当然,最为理想的是将整座墓全部起取,但依当时发掘现场的条件是不可能的。起取体积越大,其松动的可能性就越大,何况偌大体积的土的重量也是我们无法解决的问题。最后,我们把墓主人颈部的海贝串饰也纳入了整体起取的范围,即从墓主人的下颌部(头骨在发掘前已被压塌)取至骨盆部。好在墓以下即为生土,将下部和周围掏空,塞以木板,周围套上已钉好的木框,再在木框与土之间填以石膏浆,上部精心加膜封盖,然后用钢丝捆好木箱。这一长1米余、宽近1米的大箱子,由6个男劳力抬都十分吃力。它被抬上了吉普车,送到位于二里头村内的我们考古队的驻地。忙活完之后,已是发现铜铃的第四天晚上9点半了。

到了驻地,放在哪儿又成了问题。因为木箱内还有铜铃,恐怕会成为窃贼的目标。抬到二楼太困难，而一楼除了我的卧室兼办公室和值班室外都无人住。于是有技师建议道："队长，还是先放到你屋里吧！"也只好这样了。20余年的考古生涯，我已不介意与我们的研究对象——数千年前的死者"亲密接触"。就这样，这位二里头贵族与盖在他身上的绿松石器与我"同居"了一个多月，直到被运到北京。

超级国宝惊艳面世

与李存信商量，他说在北京他的工作室清理可能比在我们队里做要好。也是，他清理绿松石器需要的各种工具和物品，要么得从北京专门带来，要么得我们开车去洛阳买，还不一定能买得到。在请示了考古所和研究室领导后，我开始安排把大木箱运回北京。那时已是2002年的7月，我当时在北京，押运的任务自然落到了当时唯一的队友陈国梁身上。陈国梁与队里技师们一起，用我队的吉普车把大木箱及几个整体起取漆器的小木箱安全地运到了北京。一直在考古所等候的我，直到安排把木箱放进科技中心的大房间才长长地出了口气。

科技中心的工作千头万绪，既要完成所内的工作，又有许多兄弟单位的不时之请。李存信答应尽快处理我们的宝贝，但随后就是2003年春的"非典"，我们的大木箱也就一直静静地躺在那里，等待着这件国宝的重见天日。

2004年夏天，李存信开始揭开箱盖进行清理。从小心翼翼地剔凿去石膏，一直到总体轮廓出来，颇为不易。到了8月份的一

绿松石龙形器清理现场

天，李存信打电话给我，说有一定的轮廓了，保存得还不错。我急忙赶了过去，当看到我们为之付出艰辛努力而保下来的这件宝贝，居然是一条保存相当完好的大龙，顿感此前一切丰富的想象与推断都变得黯然失色。当你从上面俯视这条龙时，你感觉它分明正在游动；当你贴近它硕大的头与其对视时，它那嵌以白玉的双眼分明也在瞪着你，仿佛催你读出它的身份。就这样，一件大型绿松石龙形器逐渐"浮出水面"。

此后，我和队友赵海涛经常去清理现场，提供背景资料，与李存信商量如何一步步地处理及收集记录各种信息。后半段，我又从队里调来一名年轻技师，协助清理并负责绘图。

所里的领导来了，老专家来了，大家都很兴奋，有人将其誉为"超级国宝"。经历了两年多的期盼，现在，我们可以一睹其"庐山真面目"了。

这件龙形器放置于墓主人的身上，由其肩部至髋骨处，与骨架相比略有倾斜，头朝西北，尾向东南。由2000余片各种形状的绿松石片组合而成，每片绿松石的大小仅有0.2~0.9厘米，厚度仅0.1厘米左右。绿松石原应黏嵌在木、革之类有机物上，其所依托的有机物已腐朽，仅在局部发现白色灰痕。全器整体保存较好，图案清晰可辨，仅局部石片有所松动甚至散乱。由铜铃在龙身之上这一现象看，可以排除龙形器置于棺板上的可能。又据以往的发现，铜铃一般位于墓主人腰际，有学者推测应置于手边甚或系于腕上，联系到墓主人侧身，而绿松石器与其骨架相比上部又略向外倾斜，这件龙形器很可能是被斜放于墓主人右臂之上而呈拥揽状。

绿松石龙形器与青铜铃

早于二里头的那些"龙":
辽宁阜新查海:砾石堆塑龙(兴隆洼文化),约距今8000年
河南濮阳西水坡:蚌塑龙(仰韶文化),约距今6000年
湖北黄梅焦墩:卵石摆塑龙(大溪文化),约距今6000年
内蒙古翁牛特旗三星他拉:玉C形龙(红山文化),约距今5000年
山西襄汾陶寺:彩绘蟠龙纹陶盘(陶寺文化),约距今4300年

绿松石龙的首与尾

绿松石龙形体长大，巨头蜷尾，龙身曲伏有致，形象生动，色彩绚丽。龙身长64.5厘米，中部最宽处4厘米。龙头置于由绿松石片黏嵌而成的近梯形托座上。托座表面由绿松石拼合出有层次的图案，多处有由龙头伸出的弧线，似表现龙须或鬓的形象，另有拼嵌出圆孔的弧形纹样。

龙头隆起于托座上，略呈浅浮雕状，为扁圆形巨首，吻部略微突出。以三节实心半圆形的青、白玉柱组成额面中脊和鼻梁，绿松石质蒜头状鼻端硕大醒目。玉柱和鼻端根部均雕有平行凸弦纹和浅槽装饰。两侧弧切出对称的眼眶轮廓，为梭形眼，轮廓线富于动感，以顶面弧凸的圆饼形白玉为睛。在半圆形玉柱的底面发现有白色和浅黄色附着物，可能是黏接剂的痕迹。

龙身略呈波状曲伏，中部出脊线，向两侧下斜。由绿松石片组成的菱形主纹象征鳞纹，连续分布于全体，由颈至尾至少12个单元。龙身近尾部渐变为圆弧隆起，因此更为逼真，尾尖内蜷，若游动状，跃然欲生。

距绿松石龙尾端3厘米余，还有一件绿松石条形饰，与龙体近于垂直。二者之间有红色漆痕相连，我们推测此物与龙身所依附的有机质物体原应为一体。条形饰由几何形和连续的似勾云纹的图案组合而成，由龙首至条形饰总长70.2厘米。

龙牌、龙杖还是龙旗？

龙头部为何有一个略呈矩形的托座，说来还有一个认识过程。自从绿松石龙头部清理出来后，我们就对此百思不得其解。

新砦陶器盖兽面纹与绿松石龙首

2004年秋季,二里头遗址持续发掘,工余时间我又开始端详起绿松石龙的照片。如前所述,绿松石龙形器在出土前即有多处石片松动或散乱,应是棺木塌落时受压变形,龙头部位就有因石片错位而导致图案不清之处,托座上的图案究竟表现了怎样的含意呢?这一问题一直萦绕于脑际。于是翻检相关材料,试图能找到某些启示。一日凭印象查找曾看过的一件出土于河南新密市新砦遗址陶器盖上的刻划兽面纹(顾万发 2000),再次看到这一兽面纹,不禁连连感叹其与绿松石龙头太像了!你看那面部的轮廓线、梭形眼、蒜头鼻子,甚至连鼻梁都是相同的三节,简直如出一辙!最具启发性的是从新砦兽面伸出的卷曲的须鬓,让我们茅塞顿开。托座上那一条条由龙头伸出的凹下的弧线,展现的不正是在绿松石上难以表现的龙须或龙鬓吗?

新砦陶器盖上的兽面纹与绿松石龙之间的相似性,还有更深一层意义。目前学界普遍认为以新砦遗址为代表的遗存,是由新石器时代末期的中原龙山文化向青铜时代初期的二里头文化演进的过渡期文化,可以看作二里头文化的前身。当然这一认识主要是来源于以陶器为主的文化因素的比较。而陶器盖上的兽面纹与绿松石龙表现手法的高度一致,则从宗教信仰和意识形态上彰显了二者密切的亲缘关系。也可以说给绿松石龙找到了最直接的渊源与祖型。

至于以往出土的二里头文化时期或稍晚的嵌绿松石铜牌饰上的图案,则大部分应是绿松石龙尤其是其头部的简化或抽象表现。因此,绿松石龙形器又成为解读嵌绿松石铜牌饰这一国之瑰宝的一把钥匙。

总体上看,位于宫殿区内、最接近所在建筑的中轴线,且出土大型绿松石龙形器的3号墓的墓主人,其身份要远高于随葬铜牌饰的墓主人。绿松石龙形器或嵌绿松石铜牌饰都与铜铃共出,随葬这两种重要器物的贵族,其身份是否与其他贵族有异?如是,他们又是些什么人呢?是乘龙驾云、可以沟通天地的巫师吗?

有学者认为这应是一个在红漆木板上黏嵌绿松石片而形成的

二里头出土的嵌绿松石铜牌饰

"龙牌",它色彩艳丽,对比强烈,富有视觉冲击效果。"龙牌"上的龙图像,表现的是龙的俯视图。而随葬绿松石龙形器的高级贵族,应系宗庙管理人员,"龙牌"则应是祭祀场合使用的仪仗器具(杜金鹏 2006)。日本《朝日新闻》的记者和日本学者把它直接称为"龙杖"或"龙形杖"——一种特殊的权杖。的确,在此后的殷墟和西周时代,用绿松石镶嵌龙图案的器具也是罕见的珍品,而绝非一般人可以享用的普通器物。

有学者则认为这是早期的旌旗,其上装饰升龙的形象。以死者生前所用旌旗履盖于尸体之上,应是早期旌旗制度的反映。《诗经》中记述周王祭祀于宗庙,有"龙旂阳阳,和铃央央"的场景描写,其中"龙旂(旗)"与"铃"并列对举,与该墓中龙旌与铜铃共存的情况,颇为契合。墓主人应是供职于王朝的巫师,其所佩龙旌具有引领亡灵升天的宗教意义(冯时 2010)。

从众龙并起到饕餮归一

这一大型绿松石龙形器,是中国早期龙形象文物和绿松石镶嵌文物的又一重要发现。其用工之巨、制作之精、体量之大,在中国早期龙形象文物中是十分罕见的,具有极高的历史、艺术与科学价值。有学者认为,绿松石龙的出土,为中华民族的龙图腾找到了最直接、最正统的根源。这一出土于"最早的中国""华夏第一王都"的碧龙,才是真正的中国龙(杜金鹏 2006)。

绿松石龙形器,出现于二里头都邑初始兴盛期的宫殿区,此时的二里头聚落已经具备了东亚地区超大型都邑的内涵与气象,是中国古代广域王权国家形成的表征。3号墓则属于迄今所知二里头都邑中最高等级的墓葬之一，墓主为具有特殊身份的较高等级的贵族。绿松石龙形器和嵌绿松石铜牌饰上所表现的与沟通人与祖先或天地、神灵有关的神话性动物形象，此后成为商周青铜器纹饰最重要的构成部分，并且始终与当时社会中高等级贵族乃至王室有着密切的关系，成为王朝时代礼器或威权物品最重要的纹样母题。这启示我们，新石器时代至青铜时代初期以龙等神化或半神化性动物图案为代表的动物母题与后来商周王朝礼器的特殊关系及其文化内涵，可能是我们理解中国早期文明文化底蕴的关键元素之一（许宏 2016）。

中原地区龙山时代末期新砦文化刻于陶器盖上的"饕餮纹"，应与二里头文化的龙形象有着直接的渊源关系，已如前述；陶寺文化绘于陶盘上的彩绘蛇形蟠龙纹，早已享誉中外，也有学者指出其形态特征与二里头文化的同类龙纹相类。而二里头文化玉柄形器和嵌绿松石铜牌饰所见兽面纹，应与山东地区的龙山文化、长江中游的肖家屋脊文化（后石家河文化）的神祖面纹有关，其渊源甚至可上溯至东南沿海地区的良渚文化（邓淑苹 2014）。

显然，二里头文化所见以龙为主的神秘动物形象要较此前的龙山时代诸文化复杂得多，龙的形象也被增添了更多想象或虚拟的成分，呈现出多个系统的文化因素整合的态势。这类由其他区域引进的信仰与祭祀方式，有可能暗示了与上述史前文化相同的神权崇拜理念被吸纳进来，成为二里头贵族精神世界的一部分。这种现象，也从一个侧面反映了二里头作为大型移民城市，乃至跨地域的广域王权国家——中国最早的王朝都城的兴起过程（许宏 2009）。

良渚、海岱龙山、二里头、二里岗、殷墟文化兽面纹比较

上左：良渚文化玉牌饰　　　　上右：海岱龙山文化玉圭纹饰
中左：二里头嵌绿松石铜牌饰　中右：二里头陶器上的龙形象
下左：二里岗期商文化铜构件　下右：殷墟期商文化铜器装饰

不少学者把二里头出土的龙形象文物，与文献中种种关于夏人龙崇拜的记载联系在一起考察。但龙作为后来中华民族神圣的图腾，在其出现的早期阶段并不专属于某一族系，其后的商王朝社会生活中的龙形象愈益兴盛。因此，尽管文献上有不少夏人与龙关系密切的记载，但它的出土还是无法让我们把二里头文化与夏文化直接挂起钩来。

众所周知，盛行于商周时代青铜器上的主题纹样，长期以来被称为饕餮纹。但也有不少学者质疑这种铸于国家重要祭器上的纹样是否就是以狞厉贪婪著称的怪兽饕餮，因而以较为平实的"兽面纹"一词取而代之。更有学者指出这些纹样主题的大部分，应即龙纹（王震中　1985；李学勤　1991）。李零进一步指出"（商周时期）饕餮纹与龙纹同时存在，前者……就其主体而言，应是龙纹面部的特写，两者属于同一大类"（李零　2017）。随着早期王朝的社会文化整合，广域王权国家逐渐臻于全盛，本来具有多源性特征的龙形象也规范划一，并逐渐抽象化和神秘化，作为"饕餮纹"固定下来，成为最重要的装饰主题。而以嵌绿松石铜牌饰为代表的二里头所见兽面纹，开创了商周青铜器上兽面母题的先河。

可以显见，二里头正处在龙形象由"多元"走向"一体"的奠基与转折的关键时期。前所述及的二里头龙形象的诸多要素，如整体面部特征、梭形目（或称臣形目）、额上的菱形装饰、龙身的连续鳞纹和菱形纹等形体和装饰特征，都为二里岗至殷墟期商王朝文化所继承并进一步发展。而商周王朝青铜礼器中的龙形象，又奠定后世中国古代龙形象进一步递嬗演化的基础。

在发掘报告和学术文献中,我们把二里头3号墓出土的这件大型绿松石器称作龙形器,而不是直接称其为"龙"。容易理解的是,在缺乏自证性文字材料佐证的情况下,对不会说话的文物性质之判定具有很大的或然性。众所周知,龙是人们想象和推衍的产物,只要具备"四不像"甚至"二不像"的特征,就进入了广义龙形象的范畴。这一大型绿松石器精工造就,至少由两种动物形象组合成的不见于自然界的灵物,当然会诱发人们关于"龙"的丰富联想。但要指出的是,我们的分析也是一种推论,有待进一步发现与研究的验证。新的考古发现在不断地提供解决问题的线索,同时又提出更多新的问题,引发我们不断地去思考、去探索。而这,正是考古学的魅力之所在。

参考文献:

中国社会科学院考古研究所编著:《殷墟妇好墓》,文物出版社,1980年。

王震中:《"饕餮纹"一名质疑及其宗教意义新探》,《文博》1985年第3期。

李学勤:《良渚文化玉器与饕餮纹的演变》,《东南文化》1991年第5期。

顾万发:《试论新砦陶器盖上的饕餮纹》,《华夏考古》2000年第4期。

杜金鹏:《中国龙,华夏魂——试论偃师二里头遗址"龙文物"》,《二里头遗址与二里头文化研究》,科学出版社,2006年。

李志鹏:《二里头文化墓葬研究》,《中国早期青铜文化——

二里头文化专题研究》，科学出版社，2008年。

许宏：《最早的中国》，科学出版社，2009年。

冯时：《二里头文化"常旟"及相关诸问题》，《考古学集刊》第17集，科学出版社，2010年。

中国社会科学院考古研究所编著：《二里头（1999—2006）》，文物出版社，2014年。

邓淑苹：《万邦玉帛——夏王朝的文化底蕴》，《夏商都邑与文化（二）》，中国社会科学出版社，2014年。

许宏：《二里头M3及随葬绿松石龙形器的考古背景分析》，《古代文明》第10卷，上海古籍出版社，2016年。

李零：《说龙，兼及饕餮纹》，《中国国家博物馆馆刊》2017年第3期。

中国最早的青铜钺发现记

常常夸口说二里头这个"最早的中国"诞生地,出土点儿什么东西,都可能是破记录的"中国之最"。不必说那些"不动产"的大项目了,这不,20年前老乡送来的两片破铜片,居然是中国最早的青铜钺。

刚刚接手二里头

在考古人的那些收获中,有不少是让你欣慰中带着遗憾的。那就是,多少重要的遗物,不是我们亲手科学发掘出土的,而是出自当地村民甚至盗墓者之手。当这些珍贵遗物入了俺们的法眼,在充分肯定其历史价值的同时,又为失去了重要的出土背景而扼腕。你想找什么找不到,但农民兄弟往往就有这好"手气"。同样一件文物,出自北京潘家园古玩市场,和出自二里头都邑的贵族墓中,你说它的价值能一样吗?说考古是一门残酷的、总面对不完美和缺憾的行当,并非虚言。

我在上课和讲座中常夸口说二里头这个"最早的中国"诞生地,出土点儿什么东西,都可能是破记录的"中国之最"。我担任考古队长这二十年间,主要精力放在了对"不动产"的探索与发现上,算起来"中国之最"就有多项。在宫城、中轴线、宫室建筑、主干道网、围垣作坊区这些宏大的"之最"叙事之外,还有些小件文物的发现,说来饶有趣味。送上门来的中国最早的青铜钺就是其中一件。

2000年,那是我接手二里头考古队的次年。记得当时的田野考古工作,是率领技师和探工在二里头遗址东北部进行钻探。这里位于圪当头村村北,因村里要向北继续建连排民房,按文物保护法的要求,我们要在建筑工程启动之前,搞清地下遗存的分布情况。钻探中在遗址边缘一带发现了一条断续分布、疑似大沟的遗迹,于是当年秋季,我率队进行了小规模发掘,以解决这个沟状遗迹的年代、结构和性质等问题。推断其最初应为取土而挖,后来成为倾倒垃圾的地方,其形成与废弃都在二里头文化时期,应具有都邑的区划作用,是二里头遗址的东部边界。说起来,这应该算是1999年接任二里头考古队长以来的又一个不大不小的收获。

当年秋季的发掘从10月到12月,持续两个多月。白天上工,晚上整理发掘记录等。大沟中除了大量遗弃的陶质锅碗瓢盆碎片,偶尔也有小件的铜器、玉器、石器、骨器、蚌器等出土,但少有令人眼前一亮的出土物。工作充实而略显枯燥,这就是考古生活的常态。

查了下日记,那是10月31日,两位不速之客来考古队驻地"串门"。一位是老朋友、考古技师郭天平,另一位60岁左右的老汉不认识,郭天平介绍是同村的郭占先。

郭天平,男,1953年出生,比我大10岁,圪当头村人。他的履历,是具有中国特色、为中国考古事业贡献终生的一大批考古技工（近年我们圈内将其中工作10年以上或具有大专及以上学历者称为技师，以示尊重）的真实写照。

百度百科"考古技工"条如此表述："考古技工，一般是指那些没有被纳入到各级各类文物考古单位和高校考古院系正式研究编制之中，但具备基本的考古调查、勘探、发掘、绘图、资料整理和文物修复等考古专业技能知识，并在一定的时间内以此为职业的考古从业编外人员。"郭天平就是其中一员。

他1972年就开始跟着考古队在他们村西发掘二里头遗址1号宫殿基址，被当时的二里头考古队队长赵芝荃相中，由民工转为技工，从此再没离开考古这一行。话说1970年代末期，他跟着赵芝荃队长离开家门口的二里头遗址，到我们所洛阳工作站整理报告；不意数年后的1983年，偃师商城遗址被发现（见本书《说不尽的偃师商城》），他又跟随临战受命的赵芝荃先生（继1959年任二里头考古队首任队长后，又转任偃师商城考古队首任队长）去了离家数公里的偃师城郊，这一干又是20多年，退休后仍被该队返聘，成为职业考古人。郭天平大概没上过高中，不过属于农村里脑子够用的人。虽不善言辞，但悟性较强；虽没念过多少书，但能写考古记录，这是我们选拔考古技师的一项重要指标。考古是门经验性学科，架不住常年的野外实践，这就练就了郭天平过硬的田野考古绝活。这些技师讲不出太多宏观历史、考古学的大道理，但钻探发掘、辨土认土、处理各种复杂的现象、记录测量绘图、修复遗物等技术活儿，都不在话下。郭天平最后位列我们考古所聘任的技师序列中最高的一档——高级技师。其资历水平与肤色成正比——我们的高级技师几乎无一例外是黝黑的古铜色，真正田野考古人的本色。

他先是骑自行车，后来骑摩托上下班，在队里值班以外的时间都回家。离家近能照顾农活，是他们忍住了外地考古队的高薪诱惑而没有加入"考古打工"队伍的主要原因。郭天平回家时偶尔到村边我们二里头考古队的发掘工地来转转。我们甚至还会把他从兄弟队——偃师商城队"借调"过来一两天，让这位田野考古上绝对的高手来帮我们把把脉。

2000年10月他带郭占先来找我，就是在下班之后的晚上。郭占先是天平的邻居和叔伯辈。整个圪当头村，郭姓是第一大姓，都有亲戚关系。话说这二位落座后，开始讲起了造访的原委。郭占先很随意地从兜里掏出一个用废报纸折起来的包，说是地里翻出来的，想通过天平问问许队长，看是不是有用。

两片破铜片

皱皱巴巴的废报纸包着的，是两片破铜片。郭天平沿断碴处拼合，说知道是一件器物，但坦言他也没见过。

我仔细观摩，断定为一件断为两半的铜钺，心中暗自惊喜。说实话，如此形制的铜钺，我也没见过。对考古人来说，没见过的文物当然比习以为常的信息量更大、更具学术价值。

我让郭占先仔细介绍下发现的情况，他于是用浓重的方言娓娓道来。我不断地询问细节，试图最大限度地复原这件宝贝出土的全过程。

那还是当年的6月中旬，郭占先的一个亲戚在村北新宅基地盖房子，约他去帮忙。他是在挖地基槽时，铁锨触碰到了这两个破铜片。那已是距地表1.4~1.5米的深度，挖出虚土再夯实地基，是黄土地带的居民数千年以来惯常的建筑方法。据郭占先回忆，两个铜片周围的土是黄褐色的，而不是一般灰坑中常见的黑灰土，我推测它们出土于墓葬的可能性较大。铜钺出土的时候就断为两截，经观察也的确不是新碴，这也与二里头文化的墓葬中随葬品常被有意打碎的情况相吻合。我们管这种葬俗叫"碎物葬"。

郭占先拿起来看了下，感觉不是啥宝贝，就将两个铜片随手放在了地基槽旁的水泥台上。回家后又觉得它们如果是铜的，是不是能值点钱。第二天又到盖新房的工地去瞧瞧，那俩破铜片居然还在，于是拿回家里，洗去铜片上的泥土，青铜所特有的青绿色锈斑露了出来。但还是看不到里面的质地，于是又用榔头类的利器敲打铜片表面，试图剥去铜锈，露出铜芯。我轻抚铜钺那遍体鳞伤、多处露出红褐色里层的器表，心疼不已。

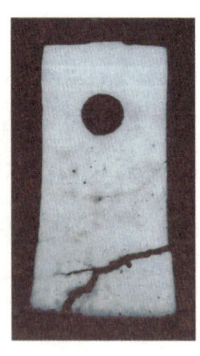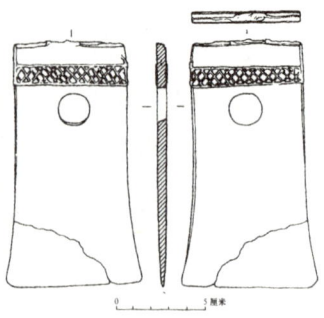

二里头青铜钺照片（修复后）、X光片、线图

我让郭占先继续讲下去。他说确认是铜后，不久他就等来了收废品的，于是让那人看看，收废品的人说也就值五六块钱吧。郭占先说还不够一条烟钱呢，不中，买卖没成。他于是想到了郭天平这个在考古队上班的大侄儿，说那还不如给考古队呢，这才有了郭天平与郭占先二位的这次夜访。

关于人民群众上交文物这事儿，说起来也一箩筐。20世纪五六十年代至70年代末改革开放之前，民风淳朴，作为"四旧"和"封建社会的糟粕"，文物不值钱，老百姓也不重视。那时村民发现文物，都积极上交给政府管理部门和考古队，给个表扬、奖励点工分（中国计划经济时代农业生产合作社、人民公社计算社员工作量和劳动报酬的计量单位），人们就很高兴。二里头第一件青铜爵的发现者郭振亚，也是圪当头村的村民，他在1973年将铜爵上交给我们考古队，当时拿到了1.5元的奖励，相当于好几天的工分，这让他高兴了好几天。郭振亚后来成为村里的文物保护员，是60年来我们三代考古队队长的好朋友。

改革开放与经济建设的蓬勃开展，也使中国进入了实用主义和重商主义的时代。文物盗掘、文物走私和民间买卖蔚然成风。一般村民也知道了文物的市场价值，将文物主动送到管理部门和考古队的事儿，越来越罕见。我们二里头考古队也经历了六七十年代接受村民主动送交文物、80年代督促公安机关追缴卖出文物的变革。据传江苏某村一个单身汉，"文化大革命"前曾到各家收集当时"不值钱"的良渚玉器，挑着箩筐将成筐玉器送交考古队，改革开放后竟遭村民谩骂甚至殴打，因为是他破灭了他们的发财致富梦。此后多年，当时的考古队队长每每回到该村，都会去看望下这位茕茕孑立的老汉，给他留下点钱，代表国家聊表感恩之心。

按照相关规定，考古队是没有收购文物的权力的。但可以给予一定的奖励，否则更没有人上交文物了。我们不可能看到村民口中的"香炉"（三足的鼎、爵之类青铜器），他们知道那很值钱。所以，这件铜钺能被送到考古队来，是不幸中的万幸。

听老郭讲完，我心里有数了。他接受不了五六块钱的价格，我们给他的奖励不能低于这个数。这个权限我这个考古队长还是有的。最后，我给了郭占先奖励金30元，给了陪他前来的郭天平20元。他们推让了下，也就都收下了。写这篇小文时打听了下，郭占先已于多年前去世，物是人非，想来令人唏嘘。

我当即就与郭占先约好，次日给我和队员指认下发现铜钺的具体地点。那时，这一带已盖起了新房，但至少，我们知道了这件铜钺的具体出土地。在我们圈内，非考古发掘品都称为采集品，但采集品之间也是有等级的。知道具体出土地点，或具体遗址，甚至大致出土于哪个市县哪个省，其历史价值都绝对高于完全不知出处的传世品。

按我们的学术表述，这件铜钺的出土地点位于二里头遗址东部偏北，属于遗址工作区的Ⅲ区南部。根据以往的钻探和发掘资料，可知在遗址Ⅲ区南部一带分布有不少二里头文化时期的中、小型夯土房基，也发现有若干铺朱砂的贵族墓葬。1980年至1981年发掘于此区的中、小型房基，即位于铜钺出土地点以南数十米处。加上这些背景材料，这件铜钺就不是一件孤立的采集品了。

细瞧二里头铜钺

为什么在第一眼看这两片铜片时,我要在郭占先和郭天平面前按捺住惊喜呢?我意识到,中国最早的青铜钺出土了!

初一看,这铜钺太普通、太古朴了,跟辉煌的商周青铜重器相比,它就像丑小鸭一样。它挺像我们现在用的斧头,但器体很薄,刃角稍向外侈,刃部比较钝。肩部中央有一凸起,凸起的顶面呈断碴状,像是器体折断的痕迹。据此,我推测这件铜钺可能像其他商周时代的铜钺一样,也有内(音 nà,戈、钺等兵器后部用于绑缚加固器柄的突出部分)。钺身素面,没有什么装饰,仅近肩部有带状网格纹一周,花纹凸起,花纹带的下方有一个圆孔。整器残长只有13厘米多,宽6~7厘米。该器出土时及其后遭到锤击,表层铜锈多已剥落,局部损伤。

由该铜钺刃部较钝的特征分析,这件器物应不是实用性兵器,而属于礼仪用器。

这是我们大致的鉴定报告,尽管已做了通俗化处理,但感觉还是太学术了吧?

仅有这个还不行,我们还得通过科技手段搞清它的成分结构、制作方法、具体损伤程度等。但这已超出了我们的知识范畴,需另请高明了。科技使考古插上了翅膀,我们是完全可以借力的。我首先想到了刚结识不久的西安文物保护修复中心的杨军昌博士(现为陕西省考古研究院总工程师),他们单位从意大利进口的专门用于文物检测的X光机,据说在国内都是数一数二的。于是我安排助手陈国梁专门坐软席车护送这件宝贝去西安拍了X光片（如果不是护送珍贵文物，助理研究员是不能坐软席的）。接着又请国内顶尖的北京科技大学冶金与材料史研究所的孙淑云教授团队作了分析测试，包括金相组织检测和扫描电镜能谱分析。我们关于青铜钺发现的考古简报和诸位科技考古同仁的分析测试报告，于2002年在权威专业杂志《考古》上发表了出来（二里头工作队　2002；梁宏刚等　2002）。

经金相检验及成分分析，可知这件铜钺的平均铜含量为93.3%，锡含量则仅为5.7%，属低锡青铜。铜钺系铸造而成，在铸造技术上使用了双面范，铸造时浇注铜液的浇口应位于器体上部。X光照相结果表明，铜钺肩部凸起的碴口周围结构致密，可排除其为浇口的可能性，原来应该有"内"，此为断裂处。

这件铜钺与二里头遗址中二里头文化晚期贵族墓所出玉钺的形制颇为相近，钺身所饰带状网格纹也与该墓同出的七孔玉刀上

青铜钺的全方位照

二里头出土与青铜钺形制和纹饰相近的器物
左：玉钺　中：七孔玉刀上的网状划纹　右：铜鼎上的网格纹

的划纹类同。类似的纹饰还见于同时期贵族墓所出铜鼎的腹部。由此，我们推测这件铜钺的年代也应当属于二里头文化晚期。

钺的前世今生

为什么说这件铜钺是中国最早的青铜钺呢？首先，这是二里头都邑发现的最早的青铜钺；而此前的新石器时代，整个东亚大陆只见有各类玉石钺，此后的青铜钺，最早的则属于二里岗文化时期。

其实，二里头遗址以前出土过的一种青铜兵器，曾被发掘者称为"钺"，但已被学者经辨析考证而否定了。

1975年，在一座同属二里头文化晚期的贵族墓葬中发现了一件青铜兵器，最初的发掘简报称其为"戚"，正式报告中又改称为"钺"。该器为长条形，器身无孔，刃部窄厚。长23.5厘米，宽度却只有3.1厘米。显然，它与二里岗文化时期及其后的商文化中所见青铜钺缺乏承继关系。在中原地区，这类器形从未见过，

二里头出土的其他近战兵器
上：曾被称为"钺"的长身战斧 中、下：戈

到目前为止还是独此一件。因此，学者在此后论及商代青铜钺的流变时并未将其纳入钺的系统，而认为"目前所发现的青铜钺最早属二里冈上层，二里冈下层和二里头文化时期尚未发现"（杨锡璋等 1986）。有学者在专论商代兵器时，也认为该器为"戚"而非"钺"（杨泓 1998）。

而目前，更多的学者接受了著名学者林沄教授对这件独特兵器的定名意见。林沄指出，戚是两侧有装饰性扉棱的钺（林沄 1989），而二里头遗址出土的这件器物窄刃、身长而厚的特征和早期北方系战斧的斧身很相近；而且在斧身和装柄部之间，有两个向外伸出的尖齿，和一部分早期北方系刀子在刀身和刀柄之间的尖齿形状相同。因此，这实际上是一件北方系的战斧，只是在安柄方式上接受了中原系统的影响而改为扁平的内而已。而从宏观视野看，欧亚大陆草原地带及其毗邻地区有不少年代早于此的青铜文化存在。林沄教授进而推定二里头遗址贵族墓出土的青铜战斧与环首刀等器物，应属于"北方系青铜器或有北方系成分的青铜器"（林沄 1994）。

鉴于此，我们就可以说，此次发现的铜钺应是在二里头遗址出土的第一件青铜钺,也是迄今为止所发现的中国最早的青铜钺。二里头文化出土的青铜兵器有戈、钺、斧和镞(箭头),它们奠定了中国古代兵器的基本格局。其中,属于近战兵器的戈、钺和长身战斧共4件,应当都是墓葬的随葬品。如前所述,从铜钺的材质成分及刃部较钝等特征分析,应非实用性兵器,而属于礼仪用器,另外几件的情况也大致相似。可知这类兵器并非用于实战,而应是用来表现威权的仪仗用器,或可称为礼兵器,它们在当时并未普遍使用。这是迄今所知中国最早的青铜礼兵器。

前文提及二里头铜钺器身稍长,可能有窄内,圆孔偏上,纹饰古朴,较明显地保留了脱胎于新石器时代扁平穿孔有刃类石器(包括斧、铲、钺等)的印记。石质的钺类器最早见于长江下游太湖地区的史前文化,后来逐渐成为东亚大陆东方地区新石器时代玉石器的一种重要器形。前面说到二里头遗址也出土有玉石

新石器时代的玉石斧钺(戚)
左:江阴高城墩良渚文化石钺(南京博物院等:《高城墩》)
中:杭州瑶山良渚文化附柄玉钺示意(古方:《中国出土玉器全集·8 浙江卷》)
右:黎城龙山时代玉戚(刘永生等:《山西黎城神面纹玉戚》)

钺，就具有显著的东方和东南方的传统。这类器物本来是手工业工具或农具，广泛用于砍伐树木、木材加工及房屋建造等生产活动，后来的一些演变为武器、刑具，甚至精制的玉石礼器和仪仗用器。

"王"字来源　王权象征

戈、钺在二里头之后的二里岗时代继续使用，成为中国古代最具特色的实用兵器或礼兵器。二里头铜钺与二里岗文化期及其后的商文化中同类器相比，显现出较多的原始性，同时又与后者一脉相承，无疑是这些同类器的前身。商周时期的青铜钺一般都出自大中型墓葬，这些墓葬多与方国或者封国的君主及其宗族有关，而形制大小不同的斧钺，显然已非一般的工具或兵器。可知以玉石斧钺为先导的礼器群，拉开了中国古代礼制的帷幕，并延续到以后的各个历史时期（钱耀鹏　2009）。

在西周金文和《尚书》《左传》《史记》等文献中，分别记载

二里岗时代的青铜钺
左：新郑望京楼遗址出土　中：上海博物馆藏　右：武汉盘龙城遗址出土

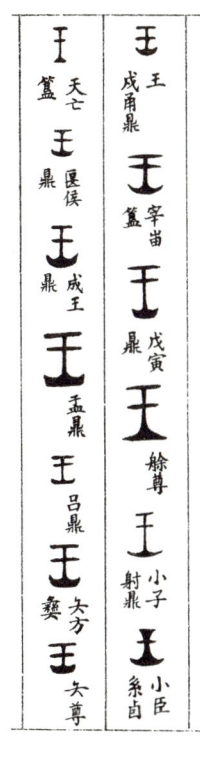

金文中的「王」字

二里头玉钺与殷墟「妇好」大铜钺

商周时期的君王以弓矢斧钺赐予大臣或诸侯，以此象征授予其征伐大权。其中，钺又是最受重视的。它作为仪仗用器，代表着持有者生杀予夺的权力。这应当是反映了对传承已久的某种制度的继承。

对于古文字中"王"字的字源本义，历来有不同的观点。其中，认为"王"字象斧钺之形，应较接近本义。金文中"王"字的字形，像横置的钺。"王"字在最初应指代秉持斧钺之人即有军事统帅权的首领，随着早期国家的出现，逐渐成为握有最高权力的统治者的称号（林沄 1965）。早于甲骨文时代数百年的二里头都城中出土的玉石钺，和迄今所知中国最早的青铜钺，就应是已出现的"王权"的一个重要象征。换言之，钺的礼仪化是中国王朝文明形成与早期发展的一个缩影。

参考文献：

林沄：《说"王"》，《考古》1965年第6期。

中国社会科学院考古研究所二里头工作队：《偃师二里头遗址新发现的铜器和玉器》，《考古》1976年第4期。

杨锡璋、杨宝成：《商代的青铜钺》，《中国考古学研究——夏鼐先生考古五十年纪念论文集》，文物出版社，1986年。

林沄：《说戚、我》，《古文字研究》第十七辑，中华书局，1989年。

林沄：《早期北方系青铜器的几个年代问题》，《内蒙古文物考古文集》第一辑，中国大百科全书出版社，1994年。

杨泓：《商代的兵器与战车》，《中国商文化国际学术讨论会论文集》，中国大百科全书出版社，1998年。

中国社会科学院考古研究所编著：《偃师二里头：1959年—1978年考古发掘报告》，中国大百科全书出版社，1999年。

刘永生等：《山西黎城神面纹玉戚》，《故宫文物月刊》第17卷12期，2000年。

中国社会科学院考古研究所二里头工作队：《河南偃师市二里头遗址发现一件青铜钺》，《考古》2002年第11期。

梁宏刚、孙淑云：《二里头遗址出土青铜钺分析测试报告》，

《考古》2002年第11期。

南京博物院等编著:《高城墩》,文物出版社,2009年。

钱耀鹏:《中国古代斧钺制度的初步研究》,《考古学报》2009年第1期。

古方主编:《中国出土玉器全集·8 浙江卷》,科学出版社,2010年。

中国社会科学院考古研究所编著:《二里头(1999—2006)》,文物出版社,2014年。

绿松石小兽如何混入"二里头队伍"

一件被誉为鬼斧神工的微雕绿松石小兽,出现在3500多年前的二里头贵族墓中,一时间被视为珍宝。但遍观夏商周时期,此类动物造型微雕绝无仅有。这件小兽曾被定名为"微雕狮",更显离奇。果如是,相关史实要随之大幅度改写。究竟如何,且听分解。

又一次"非科学发掘"

1975年8月,二里头遗址。河南省偃师县翟镇公社四角楼大队社员,在其大队部南约20米处取土时发现了青铜器和玉器等遗物,随即想报告借住在邻村——圪当头村民宅的中国科学院考古研究所(后隶属于中国社会科学院)二里头工作队。不巧的是,考古队刚刚于当年春季结束了持续10余年的1号宫殿基址的发掘("文革"开始后自1972年恢复发掘),所有人员返回了北京。逐级上报,这批遗物最后上交给当时的偃师县文化馆。在那个时代,县一级还没有设立后来的文物管理所之类的部门来管理文物,这个业务一般由文化馆兼管。

这批遗物中最著名的,就是那件号称"华夏第一爵"的乳钉纹爵,后来成为洛阳市博物馆和二里头遗址博物馆的镇馆之宝,

四角楼村民挖出的"华夏第一爵"、玉石牙璋与七孔玉刀

这是二里头遗址出土的中国最早的青铜爵中最大、最美的一件。该器通高26.5厘米、流尾长31.5厘米,日本工艺学家盛赞其"增一分则肥、减一分则瘦"。同时交来的还有长65厘米的七孔大刀、长48厘米的牙璋和钺、柄形器等玉石器。彼时民风之淳朴,由此可见一斑。

这就是这批二里头遗址出土的重要遗物何以成为偃师商城博物馆藏品的原因。提起这事儿来,我的前辈同事、当年在二里头考古队工作的先生们至今还为之扼腕。其实文物的保存管理权大可看淡,收藏在哪儿都是国家的宝贵文化遗产,但这批器物实在是太珍贵太重要了。由于不是考古工作者亲自进行科学发掘的,

绿松石小兽如何混入"二里头队伍"　　111

二里头遗址出土的铜器和玉器

1975年夏，我县翟镇公社四角楼大队社员，在大队部南约20米二里头遗址附近，发现青铜器和玉器，现简介如下：

铜爵　1件。通高22.5、身高12、三足分别长9.5、10、11.5厘米，流尾共长31.5、壁厚约0.1厘米。底部呈椭圆形，束腰平底，腹部的一面有两道宽1.2厘米的凸线，中间排列有五个乳钉。三足较细，略下一足较长，向外伸。短柱两个，像铁钉形，高2厘米（图版拾贰，1；图一，2）。

玉钺　1件。略呈长方形，刃微圆。长11.2、上宽5.8、下宽6.8、背厚0.6厘米。上部中间有一圆

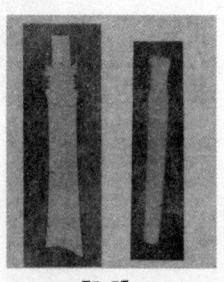

图二　玉器
1. 刀　2. 柄形饰

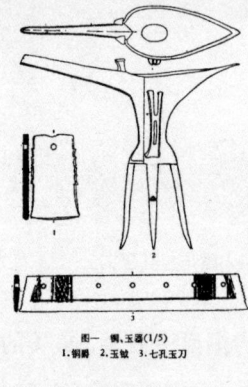

图一　铜、玉器(1/5)
1. 铜爵　2. 玉钺　3. 七孔玉刀

孔，两侧有对称锯齿形纹饰（图版拾贰，2；图一，1）。

玉立刀　1件。即刃，长46—48，把长6、宽4、厚0.4—0.5厘米。把下部中间有一圆孔，上部两侧有线条和对称的锯齿纹饰（图二，1）。

七孔玉刀　1件。长60.4—65、宽9.5、厚0.1—0.4厘米。有七个圆孔，两侧有对称的锯齿，并有斜线划纹（图版拾贰，3；图一，3）。

柄形玉饰　1件。呈扁方形，长16、宽1.6—1.9、厚0.8—1厘米。柄上端内凹，末端稍有斜刃，尖端有残痕，白玉甚光润（图一，1；图二，2）。

其他还采集有圆陶片，直径2.8厘米，一面带有朱砂红痕迹，小绿松石数十个，有的雕成小动物，或为装饰品。

这些器物可能出自墓葬，估计它的附近还会有墓葬遗存。

（偃师县文化馆）

270　　　　　　　　　　　考古

不足一页的简讯

文物的确切出土信息未能及时获取，确是一件令人抱憾、难以释怀的事。少数的考古工作者与有意无意挖到古墓文物的大众相比，属"稀缺动物"，所以"非科学发掘"的概率远远大于科学发掘，这也是一件很无奈的事儿。

112　发现与推理

简要报道　语焉不详

这批器物的简报以《二里头遗址出土的铜器和玉器》为题，发表在专业杂志《考古》月刊1978年第4期上。实际上这只是个简单到不能再简单的报道，在目录页最末单独列出，且用小于正文的小五号字排版，寥寥数百字，连图带文不足一页。

依当时考古资料发表不宣传个人的惯常体例，署名偃师县文化馆，连执笔人的姓名都没留下来。简讯中说这批器物的出土地点在"二里头遗址附近"，显然连多年发掘的二里头遗址的范围也不清楚。实际上这处地点位于二里头遗址南部，现在所知围垣官营作坊区以西的区域，属于二里头都邑的中心区。估计偃师县文化馆的工作人员并未赴现场勘察，因而未留下任何关于出土情况的信息。

在介绍了铜爵、玉钺、玉立刀（牙璋）、七孔玉刀、柄形玉饰及圆陶片（应为贵族墓葬中重要酒礼器漆木觚的附件）后，作者提及还有"小绿松石数十个，有的雕成小动物，或为装饰品"。这是绿松石小兽信息的首次披露，但仅此数字而已。（偃师县文化馆　1978）

最后，作者推测"这些器物可能出自墓葬"。显然，绿松石小兽从一开始就与典型的二里头文化的铜器、玉器等一道被"打包"了。有趣的是，在这批器物出土后不久的1975年秋季，二里头考古队发掘了出土铜、玉器的二里头文化的贵族墓，发掘简报比这篇简讯提早发表（见《考古》1976年第4期）。在这种情况下，该简讯对1975年夏天出土的这批器物的时代性质却未作任何推断。说来也极尽"客观"之能事：人家并没说包括绿松石小兽在内的一众器物都属于二里头文化。

这就给此后小兽的迷离"身世"打下了伏笔。

非科学发掘品被"科学化"

1999年，二里头遗址的第一本发掘报告《偃师二里头：1959年—1978年考古发掘报告》由中国大百科全书出版社正式出版发行。报告中收录了这批1975年夏四角楼村民取土时发现的器物，将其编为ⅦKM7（第Ⅶ区第7号墓），并首次在遗址平面图上标示出了该墓的位置。

一般情况下，非科学考古发掘所获文物，我们业内都称为"采集品"。就学术研究而言，由于采集品失去了原始的出土环境信息，其可信性和重要性显然低于出自专业人员之手的发掘品。有出土地点信息的采集品，其可信性和重要性又显然大于完全不知出处的一般民间流散品。采集品的出土地点信息，又包括具体某一个点，或某一处遗址范围内，到传出某地（如河南洛阳、甘肃天水）等情况。依据出土地点的确切程度，其学术价值又等而下之。这样看来，这批可确认到"大队部南约20米"处的文物，是采集品中的"上品"了。

但即便如此，这批器物仍无法改变其作为采集品的属性。由于考古工作者没有亲自到现场勘查、辨识、记录，所以无法确认这些器物是否属于同一个考古遗迹单位（如一座墓葬、一处房址或一个灰坑）。因而，它们的共存关系是需要存疑的。村民们挖出的这批东西，不能遽断为全部出于一个具有共时性的遗迹单位。

由是观之，上述发掘报告对这批采集品的处理方式，即定性为属一座墓葬，给予其正式的墓葬编号，实在干系重大。偃师县文化馆简讯中关于"这些器物可能出自墓葬"的推测，就这样被坐实了。尽管它们出土于同一座墓葬的可能性很大，前述出土物的组合也大致支持这一推论，但了解了其出土背景，我们就不能说这批由村民上交给文物管理部门的"一堆东西"，肯定都属于一座墓葬的出土物。这个道理是很简单的。

报告将这座墓的时代定为二里头文化第四期（末期）。介绍其"出土有铜爵、玉钺、玉璋、七孔玉刀、玉柄形器各1件"，对上述器物编号叙述，给出线图和图版。同时注明"还有绿松石饰和涂朱圆形陶片等"，但没有详细的交代。甚至，连简讯中小绿松石"有的雕成小动物"这一重要线索也付之阙如。看来，二里头考古队我的前辈们，也无缘看到并记录这些小的绿松石制品。

"微雕狮"定名暴露身份？

关于这件小兽的时代和定性的最早表述，见于偃师商城博物馆的藏品介绍。如百度百科"馆藏文物"条中收录的"偃师馆藏文物"：

馆藏文物—偃师馆藏文物
偃师县文物遗存极为丰富，先后出土文物达数万件之多，县内馆藏5500余件。这些馆藏文物大多是历年配合各项基本建设清理、抢救性发掘或采集而来……

乳钉纹铜爵　商代前期，1975年二里头遗址出土……

玉璋　商代前期，1975年二里头遗址出土……

七孔玉刀　商代前期，1975年二里头遗址出土……

绿松石微雕狮　商代前期，1975年二里头遗址出土，大小0.5厘米。其造型刻纹肉眼不易辨认，在放大镜下才能看出是一只雕刻精细的雄狮，狮作卧匐状，头向右扭，其技艺之高，令人惊叹，对研究我国狮兽的历史和产地有重要价值。

查偃师撤县设市，在1994年。上引文中仍称"偃师县"，表明这些介绍文字写定于1994年之前。又，将乳钉纹铜爵、玉璋、七孔玉刀这批相当于二里头文化晚期的遗物定为"商代前期"，这是1980年代偃师商城发现前后的惯常提法。此后，发掘者由"二里头二、三期夏商分界说"，转而同意二里头文化主体属于夏（社科院考古所　1999），自然也就不称二里头时期为"商代前期"了。所以，"商代前期"是偏早的提法，但也不排除地方文物部门提法滞后的可能。

1999年，洛阳市文物管理局编纂的《古都洛阳》文物图集，首次公布了此器的照片，说明文字为："绿松石兽　偃师二里头遗址出土。长、宽、高均不超过0.5厘米，其造型肉眼不易辨认，在放大镜下才能看出是一只勾头伏卧的狮，这是目前中国发现的最早的微雕品。"（洛阳市文物局　1999）

最有趣的是，在上文中，这件微雕小兽被称为"狮"。众所周知，狮子的原产地在非洲中部，东亚大地最初并无狮子的踪迹。一般认为狮子进入古代中国地域，早不过汉代。狮子的最早引进，还要追溯到汉武帝时张骞出使西域之旅。在我国史籍中，最早出现狮子的记载是《汉书·西域传》，其中说到狮子是张骞通西域之后作为"殊方异物"传入中国的（林移刚 2014）。这大概就是后来的出版物中不再称"狮"而用偏于模糊的"兽"的缘故吧。

俗话说，第一眼的印象最可靠。绿松石小兽的身份，在最初就被"不幸而言中"？

此后，洛阳和偃师编著的多本文物图录和相关书刊报纸中对这件小兽都有介绍，且都明确地把这件"微雕卧兽"的时代定为二里头文化或夏代。

2005年，《中国出土玉器全集》河南卷收录了该器，定名为"微雕玉兽"。称其"青玉"质地，属"二里头文化"，"河南省偃师市二里头遗址出土，现藏于洛阳博物馆"（田凯 2005）。可知此时该器已调拨给了级别更高的洛阳博物馆。

2007年出版的偃师商城博物馆藏品图录《偃师文物精粹》，也收录了该器。著名考古学家李伯谦为之作序，还提及了"在馆藏文物中，有……夏、商时期的七孔玉刀，璋、钺、戈、柄形器、绿松石雕"。图录将此物定名"微雕绿松石兽"，年代为"夏"（周剑曙等 2007）。

2012年，洛阳博物馆藏品图录《河洛文明》收录该器的定名为"微雕绿松石兽"，年代为"夏代（公元前2070—前1600年）"，

"1975年洛阳偃师出土"（洛阳博物馆 2012）。该书同时收录的前述乳钉纹铜爵、七孔玉刀和玉璋，均注明"偃师二里头遗址出土"，唯此器仅标示"偃师出土"，不知是否调拨时因出土信息不详而有此模糊处理。

由不安而寻踪

在这样的氛围下，本人也未能免俗。出版于2009年的拙著《最早的中国》，也收录了这件小兽的照片。

书出版后，有朋友指出其可能为晚期物，令人心生不安。的确，除了这件小兽，二里头文化遗物中缺乏雕塑作品，未见与此相类的器物。与此形成对比的是，在两汉魏晋至六朝的墓葬中，却屡屡出土类似的微雕动物。

有资料指出："两汉到三国两晋时期各类祥瑞动物形、神器形的微雕作品在女性的装饰品中突显出来，通常都是用贵重的金银或是半宝石、有机宝石、玻璃雕琢而成，这些造型和工艺俱佳的小型工艺品，充满了艺术情调。""这种在女性右手部位放置小巧的雕饰的方式似乎是一种特定的行为，表明这些半宝石、有机

不同角度的二里头绿松石小兽

山东临沂东汉墓、晋墓微雕小兽
左：吴白庄东汉墓出土　中、右：洗砚池晋墓出土

河南洛阳孟津县金村西晋墓金狮串饰

宝石制品完全有可能是穿绳后系于手腕部的腕饰，不过这也有可能是一种特定的握具葬俗。"（陆建芳　2014）

察二里头绿松石小兽的穿孔为头尾纵穿，与魏晋习见者相近，而汉代多横穿。又小兽的绿松石质，与玉石相比质软，依二里头的玉石加工水平，雕刻这点小玩意儿，亦当不在话下。且几刀削出轮廓而不加抛光打磨，的确略显朴拙……

说了半天，绿松石小兽究竟为何时之物呢？还是没有定论。

这么一个小兽拉拉杂杂写了这些，也该收笔了。关于绿松石小兽的出土过程已如前述，无法廓清。至于其年代，我们能做的只是尽可能地"发掘"那些发掘出土品中与此相类者，作粗浅的比较分析，还是推测性的。标题用了"混入"二字，似乎已表明本人的大致看法，但仍不敢作确切的判定。考古最大的魅力就是考古发现在时时完善、订正甚至颠覆我们既有的认

偃师商城博物馆征集的"夏代绿松石微雕"

知,不能认为考古人没有亲手发掘出来的就是不可信的、不可能的。

但在看了这么些汉至六朝的同类品之后,您还相信绿松石小兽是距今3000多年前的二里头时代的微雕艺术品吗?

最后再提一件与二里头有关的小兽。中国科学院上海光学精密机械研究所干福熹院士团队,2011年披露了他们利用现代无损科技分析方法,对河南地区出土新石器时代至东周时代90余件玉器的化学成分和物相结构所作分析结果(董俊卿等 2011)。其中收录的"夏代绿松石微雕"(HNYBI-3),系1992年征集,经鉴定为锌绿松石。

嗣后,中国文化遗产研究院乔梁研究员专门撰文《偃师商城博物馆藏绿松石瑞兽的年代及相关问题研究》进行商榷。他先是分析道:

> 这件被名之为"夏代绿松石微雕"的玉器是1992年征集的,虽然没有交待具体的出土或征集的地点,但估计会与偃师当地二里头等可能属于夏代的遗址有关,否则何以就将其绝对年代判定在了夏代?而有可能作为夏代都邑的二里头遗址也确实出土了众多的绿松石器,甚至有绿松石作坊的存在。因此将这件标本的年代断定为夏代,对于当地博物馆的收藏者而言可能也并非空穴来风。

乔梁进而指出：

检索我国已知夏商时间范畴下的考古学资料，尚未发现与偃师商城博物馆所藏绿松石微雕相类似的器物，甚至连风格接近的动物圆雕作品也无从找寻，因此将这件所谓"微雕"的年代判断为夏代的结论并不能够得到已有考古发现实证的支持，所以尽管二里头遗址存在着比较发达的绿松石制作和应用系统，但将这件由偃师征集所得的绿松石微雕视作夏代作品的认识，显然还需要更多的考古证据予以支持。

虽然在夏代乃至商时期的遗存中都难觅踪迹，但与偃师商城博物馆所征集的绿松石微雕器具相类似的因素并非毫无迹象可寻，如果将视野放到更大的时间范畴之下观察，则不难发现这类器物在我国两汉至晋乃至南北朝时期的遗存中并非罕见之物，甚至可以说是一种曾经十分流行的文化因素。

其结论是：

偃师商城博物馆所征集的绿松石瑞兽风格写实，雕刻尚能够反映动物原型的基本形态（宏按：作者认为应当是羊的形象），圆雕的处理也基本没有草率粗略的感觉，因此估计其具体年代应当在西汉或东汉的较早阶段，大体同洛阳周边的相关发现年代相当。（乔梁 2014）

绿松石小兽如何混入"二里头队伍"

乔梁没有提及传为1975年出土于二里头遗址的绿松石小兽。其实，偃师商城博物馆当时肯于出资征集这件微雕绿松石羊，显然是把它当成了1975年入藏的绿松石小兽的同类器，甚至不排除售卖者有意将微雕羊的出土地说成二里头遗址的可能性。在偃师商城博物馆，这件微雕羊长期以来与传出二里头贵族墓葬的其他细小绿松石块粒放在同一展柜，并注明同为二里头遗址出土。这种以讹传讹，即便是现在，仍存在于某些博物馆的展陈中。兹事体大，尚需进一步探究。

参考文献：

偃师县文化馆：《二里头遗址出土的铜器和玉器》，《考古》1978年第4期。

中国社会科学院考古研究所编著：《偃师二里头：1959年—1978年考古发掘报告》，中国大百科全书出版社，1999年。

洛阳市文物管理局编著：《古都洛阳》，朝华出版社，1999年。

林巳奈夫：《中国古玉器总说》，吉川弘文馆（东京），1999年。

田凯主编：《中国出土玉器全集（5　河南）》，科学出版社，2005年。

周剑曙、郭宏涛主编：《偃师文物精粹》，北京图书馆出版社，2007年。

许宏：《最早的中国》，科学出版社，2009年。

董俊卿、干福熹等：《河南境内出土早期玉器初步研究》，《华夏考古》2011年第3期。

洛阳博物馆编著：《河洛文明》，中州古籍出版社，2012年。

陆建芳主编：《中国玉器通史（三国两晋南北朝卷）》，海天出版社，2014年。

林移刚：《狮子入华考》，《民俗研究》2014年第1期。

乔梁：《偃师商城博物馆藏绿松石瑞兽的年代及相关问题研究》，《华夏考古》2014年第4期。

说不尽的偃师商城(一)
——段鹏琦出师有捷

国家要建一座火力发电厂,考古发现地下是座古城。事情惊动国务院领导,发电厂给古城让了路。考古队钻探发掘30余年,但它的身世扑朔迷离,争议不断。国家级的"夏商周断代工程"指认其为夏商分界的"界标",可以定论吗?商代早期主都"西亳"乎?辅都、别都、陪都乎?军事重镇乎?数公里外的二里头都邑与其是啥关系?甚或,国务院公布的全国重点文物保护单位的定名准确吗?因离现市区太近,文物保护、规划展示坎坷不尽……

发电厂建在历史名地

20世纪七八十年代之交,适值改革开放初期,百废待兴。国家"六五"计划重点建设工程项目之一的一所火力发电厂获批上马,水利电力部落实到了河南省。但围绕电厂选址问题,几经周折,一直定不下来。1982年,在洛阳地区建厂的意向总算确定下来。电厂筹备处第一次提出的方案,是将厂址选在洛阳以东约30公里的邙山南麓、偃师县南蔡庄乡(现偃师市首阳山镇)一带,这里是中国历史名地——首阳山所在地,故电厂取名首阳山发电厂。

首阳山,地处中原腹心区和古代京畿地区,是黄河南岸邙山山系在偃师境内的最高处，海拔近360米。"生于苏杭，葬于北邙"，是中国古代士大夫的人生理想，这里也就成为古今人类活动的重叠区。首阳山，最初因商代末年的伯夷、叔齐"不食周粟，采薇为生"而闻名。这一带分布着"全国重点文物保护单位"洛阳汉魏故城（东汉、曹魏、西晋、北魏的都城遗址）、西晋帝陵区和永宁寺、普救寺、吕不韦墓、苏秦墓等历史名胜。值得一提的是，首阳山镇一带，与著名的二里头遗址隔洛河相望，南北呼应。现洛河系后来人工改道所致，故而二里头都邑的北缘应该就在现洛河河滩内，而在洛河北岸，我们还发现了可能属都邑卫星

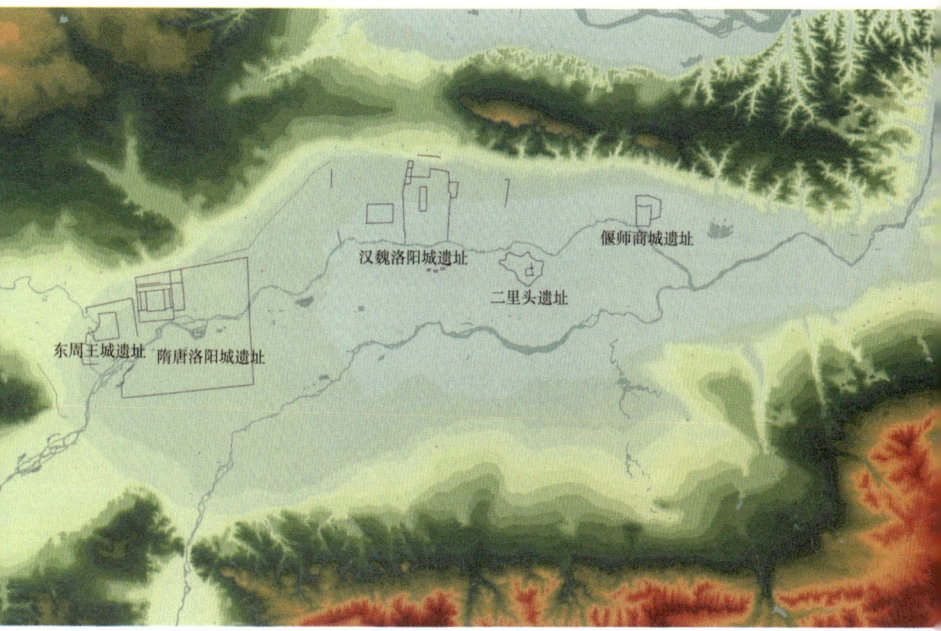

五都荟洛，偃师商城是最东的一处（中国国家博物馆等：《洛阳大遗址航空摄影考古》）

聚落的二里头文化时期遗存。

在这样一处文物荟萃之地建厂，依照国家文物保护法，要征得文物管理部门的同意。于是，文化部下属的国家文物局会同负责统筹审核考古业务的中国社会科学院考古研究所，对其建厂选址问题进行了审核。1982年7月，文化部、中国社会科学院、城乡建设环境保护部联合复函给国家经委和河南省人民政府，复函开宗明义，题目即为《不同意在偃师洛阳故都保护区兴建大型火力发电厂》。其全文如下：

> 根据今年三月十九日国家建委召开有关会议协议，中国社会科学院考古研究所对偃师电厂预选区进行了文物考古复查鉴定，提出了《对偃师县首阳山电厂厂址选择的意见》，请您委审核。我部、院同意该所提出的意见，认为在重要文化古迹密集的汉魏洛阳故城、晋陵及二里头夏商遗址区兴建如此大型的电厂，是很不相宜的，亟望首阳山电厂能改选厂址，转至洛阳地区其他条件适宜的地方。

负责给出具体意见的，是中国社会科学院考古研究所洛阳汉魏故城考古队队长段鹏琦。他后来回忆道：

> 由于此处适当汉魏洛阳故城遗址的北魏洛阳东郭（即东外城）所在地，有可能涉及西晋帝陵区，从文物保护的长远利益出发，中国社会科学院考古研究所和国家文物局都认为，像首阳山电厂这样的大型工业企业不宜兴建于此。于是双方

发生分歧。在我队提交实物资料的基础上,双方经过实地考察和充分协商,于同年(1982年)秋重新达成共识,决定电厂厂址东移。电厂筹备处按照建厂条件做了一番调查论证后,第二次提出的拟选厂址定在偃师县城以西,即今厂址处。

为避免国家蒙受经济损失,电厂方面要求文物部门先行做一考古勘察,这一要求很快得到国家文物主管部门的积极响应。1983年春,国家文物局委托中国社会科学院考古研究所组织实施。鉴于1982年以来我们同电厂方面打交道较多,考古研究所便责成我队于1983年三、四月份完成此项勘察任务,并如期写出书面报告。按照国家文物局的要求,此项勘察的重点,是查明新选厂址区内有没有必须原地保护的重要文物。(段鹏琦 1998)

从中,我们知道因建设方不肯离开首阳山一带,经折中博弈,文物考古部门同意电厂厂址较原选地点稍东移,以避开当时已知的重要遗址。新址在动工前,要进行考古勘探以摸清地下文物分布情况,而这项任务就交给了我所洛阳汉魏故城工作队。

据说,电厂厂址为避让文物古迹而东移,还是时任国务院副总理的万里拍的板,一时成为文物保护的佳话。但在像洛阳这样的"九朝故都",活人跟死人争地的事儿,历朝历代乃至如今都一直在发生着。新中国成立之初的"一五"期间,这里就被确定为国家重点建设的重工业城市,在哪儿动土,都有可能与重要古迹相遇。这不,本来拟建厂的新址近旁,又有了重大的考古发现。

说不尽的偃师商城(一)

机遇属于有准备者

这一重大发现的主持人段鹏琦，河南偃师人，1938年生。1958年考入北京大学考古专业，1963年毕业后，被分配到中国科学院考古研究所工作。1972年被安排回老家所在地洛阳工作，一直干到1998年退休。他的主要研究方向是汉唐考古，但其参加过辽宁沈阳青铜时代墓葬、河北满城汉墓、北京元大都以及二里头2号宫殿基址的发掘。丰富的田野经验和广博的知识面，使他成为重大机遇面前的"有准备者"。

1982年春，他被任命为洛阳汉魏故城工作队的队长，上任后的第一把火，就是在偃师南蔡庄、潘屯一带勘探，初步判明晋武帝峻阳陵和晋文帝崇阳陵的位置，并发掘了两座陪葬墓。至此，西晋的帝陵区得以确认，确凿的材料报给考古所，当时已是中国社科院副院长的夏鼐和考古所所长王仲殊才有底气上报国家文物局，进而才有了由文化部和中国社会科学院具名的上述"不同意函"。可以想见，没有考古人的艰辛付出和据理力争，会有多少文物古迹被压占和破坏？

话说首阳山电厂筹备处拟选厂址的主厂区，处于杏园、赫田寨、大槐树三村之间，南起310国道，北至陇海铁路，东西长1000余米，南北宽800余米，占地面积1200多亩，另在陇海铁路以北、杏园村以西还划出了一大片备用地。此时已是1983年的3月上旬，工程要求在4月底以前完成偌大范围厂址的考古勘察，实非易事，时间相当紧张。为此，汉魏故城考古队与电厂筹备处多次协商，达成下述协议：电厂方面承担铲探所需经费，包括铲探占地赔产费、探工工资等，以及与各级地方政府、有关生产大队的联系；考古队主要负责与勘察有关的业务工作。

根据国家颁布的《文物保护法》，凡因进行基本建设和生产建设需要的考古调查、勘探、发掘，所需费用由建设单位列入建设工程预算。尽管有法可依，但与建设单位协调落实经费问题，往往是考古人最感棘手的事儿。在这方面，称职的考古队长就不能是书呆子型的学者，而要变身为"万金油"式的社会人，必须完成任务，至于具体方式方法，那就八仙过海各显神通了。段鹏琦队长是偃师本地人，光是一嘴乡音在谈判中就跟对方亲近了不少，加之丰富的社会经验，处理起来显得游刃有余。

段队长是当地农村家庭出身，知道农民的不易，也尽可能给建设单位电厂方面省钱，故双方取得共识：在实际工作中，千方百计兼顾农民的切身利益，能不毁坏的麦苗一定不要毁坏，必须毁坏者则按面积赔偿损失；凡探孔，一律按每孔0.2元给予补偿。段队长回忆道："为处理好这些具体事务，我们还特地从每个相关生产大队邀请一位大队书记或主任与考古队一道工作。"（段鹏琦 1998）说来，这也是我们这些资深考古人的一项宝贵经验。俗话说"凡事要抓主要矛盾"，与村里打交道，村领导就是关键人物，与他们的关系处理好了，就会纲举目张。邀请其"一道工作"，其实也没有增加太多的投入。一般的情况是，工作期间与聘用的工人一样给他们发一份薪酬，许多协调上的事儿也就好说了。这就是所谓的"花小钱、省大钱、办大事"。

前述文化部、中国社会科学院等联署的"不同意函"，认为

"在重要文化古迹密集的汉魏洛阳故城、晋陵及二里头夏商遗址区兴建如此大型的电厂，是很不相宜的"。这里列举了这一带当时已知的几处重量级文化遗产。其中汉魏洛阳故城位于洛阳盆地中部、洛阳和偃师交界处，极盛时期北魏洛阳城的外郭城，仅分布于洛河北岸的城区就已达到东西10公里、南北7.5公里的巨大规模。而1959年发现的二里头遗址，就位于北魏洛阳城外郭城的东南方；西晋帝陵区，则位于外郭城外东偏北的邙山南麓。这几处大遗址保护区不能碰。再向东，它们与现偃师城区之间、邙山脚下的这一片文物"空白地"，东西长仅七八公里，就成了被迫让位又不肯走远的发电厂厂址的首选之地。

大发现前的蛛丝马迹

今偃师市一带，北依邙山，南临洛河和伊洛河（中国历史名河伊河和洛河，在现偃师市区以南合流，以下至汇入黄河处，称为伊洛河），地势平坦，土壤肥沃，是全国著名的粮食高产稳产区。这里地处洛阳盆地的最东边，自古以来就是四通八达的重要交通孔道：向东经巩义出虎牢关就到了郑州，向西经洛阳出函谷关可达西安，向南穿越嵩山山脉的轘辕关就是登封，往北翻过邙山即可抵达黄河要津。从古人到国家重点建设项目的落实者，血脉相承，都比较看好这块地。

考古人在到一处新地点开展工作时，一定先访贫问苦，了解各类情报，不肯放过一点儿可能有益的线索。首先是，此前地下出土了什么？考古发现了什么？段队长他们先是从偃师县的文物

1970年代偃师塔庄村出土的青铜尊

干部那里得知,1971年以来,紧临洛河北岸大堤的塔庄村曾有多件商代铜器出土。后来我们知道其中包括青铜尊一件,而此后三十多年的发掘中,再没有出土过体量这么大的青铜器。与其共出的还有一件铜斧、两件铜戈和三件铜镞。此外,在青铜尊出土地以西的村内也曾出土青铜器,据村民描述应为青铜鼎(社科院考古所 2013)。

此外,段队长他们还了解到,1970年代初期,偃师城区以西的偃师化肥厂扩大厂区,文物部门在配合基本建设的勘探中,曾探出一条带状夯土。夯土呈西北、东南走向,长达数百米,由于仅为县级文物管理部门参与,当时既不知其年代如何,也不知其完整形制,因而没有给予应有的重视。看来,这块地方,绝非文物的"空白地"。

除了这些实打实的文化遗产线索,还有一些稍嫌缥缈的"非

说不尽的偃师商城(一)

物质文化遗产",那就是后代典籍志书上的各类传说,以及口口相传的那些从前的故事和村名、地名。如偃师老城以西、现纳入市区南部的高庄,据传就是五帝之一高辛氏帝喾的"故都"。当然,抢名人故里的事儿在现今所在多有,同一历史名人的故里在华夏神州之域遍地开花,也多被当成笑谈。五帝以下,就是夏商,这一带又有关于商王朝第一代君王商汤的传说,现偃师市区东北的邙山南麓坡上就有"汤王冢""汤泉沟",旁边的村子叫"汤泉村"。这里经考古调查,仅发现了仰韶文化和周代的遗存,但不远处的忠义村黄冢,确曾出土过商代铜器。传为商初名臣的伊尹墓,在全国亦有多处,首阳山下就是其中一处。类似信息扑朔迷离,持姑妄听之的态度也就可以了。至于年代偏早的、稍靠谱的文献记载,后来被围绕新发现打笔仗的学者们引来引去,各取所需,也莫衷一是,暂且按下不表。

由于这些线索,在汉魏故城考古队勘察首阳山电厂拟选厂址以前,考古学家和历史地理学家曾抱着不同的目的,多次踏上这片充满魅力的土地,探古寻幽,但终因地表踏查的条件限制等,无功而返。段队长是偃师当地人,他曾在县城读了六年中学,回想起来,自己无数次来往于这片土地,但对埋藏于地下的文物古迹也是一无所知。与古城失之交臂的学者不只有段队长。资格更老、大名鼎鼎的徐旭生先生,1959年夏率队在偃师踏查"夏墟",一行人就从这里走过。徐旭生先生精于古代典籍,此次考古调查本身就是从文献提供的线索按图索骥的,所以他们按乾隆年间的偃师旧志,先到了传说中的高辛氏"故都"——高庄,确认没啥相关遗物后,才沿洛河北岸前往二里头遗址。从高庄到二里头,恰好横穿后来发现的偃师商城的南部。曾任二里头考古队第一任队长和后来偃师商城第一任队长的赵芝荃先生，在我1986年来偃师商城学习考察时，也曾不无遗憾地对我说起，他在主持二里头考古队工作时，就曾来此处考察过，平日更是无数次路过这里，因为这一带是来往于偃师县城和二里头遗址间的必由之地，却无缘在自己的手里早日发现古城。这一机缘，就这样留给了段鹏琦。

顺藤摸瓜　古城露头

1983年3月15日，大规模铲探正式开始。根据国家文物局的要求和此次任务的性质，段队长决定采取细密布孔的方法，以保证重要现象不漏掉。先普遍钻探，将有"问题"的探孔记录在案；待普探完毕，经过对此类探孔综合分析，再选择重点实施卡探。

为保证质量，段队长要求在整个铲探过程中，本队业务人员和技工全部盯在工作第一线。其任务是，第一抓铲探质量，第二抓铲探发现的"现象"（即地下各种遗迹暴露出的苗头）。不准对探工作任何诱导或暗示，使其完全凭借铲上功夫对"现象"作出独立判断。

关于考古队伍的构成，上文出现了三类人。第一是"本队业务人员"，指的是中国社会科学院考古研究所的在编正式研究人员，即所谓"北京来的""吃皇粮的"，现在在正式或非正式场合仍时不时地被称为"干部"，这是上个时代的孑遗。然后是"技

探工手持洛阳铲一字排开,构成田野上的一道风景

布设探孔,孔距一般2米甚至1米。在网格状布孔的基础上,还可在4孔组成的方格中心加孔,俗称梅花孔。卡探则是为确认具体遗迹、卡住其范围形制而进行的重点钻探,孔距可更小。

工",即考古队长期聘用的技术员,其资深者成为"技师"(见本书《中国最早的青铜钺发现记》)。这两类人,就段队长的洛阳汉魏故城考古队而言,都属于队员。而"探工",干的也是技术活儿,但他们不是考古队的常规聘用人员。在洛阳一带乃至全国各地,由于配合基本建设的钻探任务繁重,于是催生出了一个新的行当和组织,就是钻探队。正规一点的钻探队隶属于钻探公司,但在中国,民营的考古公司受多方面的制约,尚未走上正轨。所以,有的钻探队就是包工头组织起来的一个草台班子,最小规模有十数人和十余杆"枪"(人手一把洛阳铲)。探工都是当地农村的中年和老年前期的男性,古铜色的脸上写满沧桑,一般不怕吃苦,臂力过人,经验丰富,甚至身怀绝技,看家本领是"一孔之见"。这"一孔之见"可是大学问,探铲上带出的土经他们过眼,地下有啥大致不差。就凭这个,他们可以受雇于文物管理部门或考古队,来完成考古队自己干不了的稍大规模的勘探工作。他们没有统一的工作服,甚至没有劳保,但凭一身绝活和力气,他们是考古发掘的先头部队和文物勘探的生力军。为了保证钻探工作质量,必须把好探孔记录这一关,这就要靠考古队员"盯在工作第一线"了。

段队长在普探基础上选择的卡探对象,主要包括所谓伊尹墓、田横墓在内的古墓葬和古道路、古代夯土建筑遗迹,而其中的重点又是古道路和古夯土建筑遗迹两项,因为它们最有可能成为必须原地保护的文物。铲探中发现的一条东西向大道,应该是由汉魏洛阳城东去的一条主干道,更重要的是夯土建筑的发现。

铲探发现的古代夯土建筑,位于首阳山电厂拟选厂址区域内,压在汉代层下。夯土宽20米左右,呈直线向北延伸,方向7度。当卡探其长度时,考古队发现了一个值得注意的苗头,那就是探孔中带出的细碎陶片都早于汉代,这对把握夯土建筑的时代非常重要。于是,段队长他们当即提出要求,此后凡是铲探到此层,由探孔中带出的陶片,无论大小全部捡出,并马上到附近水井上清洗,由段队长当场辨认后集中保存。卡探显示,这一夯土建筑向北延伸至400多米长时,折而向东,直到拟选厂址东界尚未出现残断或再度转折的迹象。这一全貌呈"⌐"形的夯土建筑遗迹,就是日后查明的偃师商城的西北角。

由于注意了出土陶片，所以当城墙长度卡探出200~300米时，段队长开始预感到它可能是一座早期城址的一部分；待将西城墙北端卡死并发现其有向东转折的迹象后，这种认识已经变得异常明确。但这只是考古队内部的看法，探工们并不知悉。由此还产生了一段极富戏剧性的插曲，段队长后来饶有趣味地回忆起当时的场景：当确认城墙不再向北直线延伸，也未向西拐折后，段队长他们要求卡探工人在可能的城墙西北角以东成排布孔，意欲卡探北城墙，探工组长等二人却不愿意继续向东，并极有兴致地向段队长提出，要到西城墙正北一处地势稍高的地方卡探，给他找出个大墓来。因为探工们日常钻探中最常见的重要遗存就是墓葬，尤其在洛阳这个"十三朝故都"，地下几乎到处都是墓葬。段队长拗不过，且知道墙东方向已有人打到夯土，压在心头的一块石头落了地，也乐意轻松一下，便由他们去了，结果探工组长二人自然是徒劳而回。当他们返回时，北城墙业已探出上百米。工友中有人就此与其开逗，在铲探工地上引起一阵舒心的欢笑。

商代大城浮出水面

首阳山电厂拟选厂址铲探工作在此欢乐气氛中宣告结束，时为1983年3月21日。由钻探得知，城内地层堆积较厚，且时代与城墙一致，表明其内涵较为丰富。

次日，段队长将铲探结果口头通告电厂筹备处，然后就着手编制首阳山电厂拟选厂址区地下文物勘察报告。他初步把新发现的古城断定为商周城址，认为它具有较高的学术价值。报告编制完毕，由副队长杜玉生携报告及铲探中收集的陶片标本，回京向考古研究所领导汇报，再由考古研究所通报国家文物局。

这一发现，得到了上级领导的高度重视。4月中旬，段队长接到了国家文物局和考古研究所联合发出的文件，要求进一步扩大勘察区域，查明该城的总体范围、形制，以及具体时代和性质。这是一项更为艰巨的任务。首先时值小麦抽穗、灌浆期，扩大到电厂拟选厂址区以外铲探，必须把因铲探对小麦造成的损害控制到最低限度，这就大大束缚了考古队的手脚；其次，学术方面的要求更高，如果说此前是配合基本建设的考古工作，那么新的任务就属于主动性的学术探索了。值此关键时刻，首阳山电厂筹备处表现出了国有企业的责任感和高风格，他们毅然承担了厂址以外地区考古工作的费用。有关村（当时称生产大队）也在群众工作、劳力等方面给予考古队以有力支持。

后一阶段的勘察，包括两方面的工作：一是继续以铲探方法查明该城址的整体范围和形制；二是选择适当位置进行小规模发掘，考古上也叫试掘，以取得地层关系和出土实物资料，进一步明确城墙结构和该城址的时代。点面结合，综合分析，才能推断出该城址的性质。

新的勘察工作于4月22日正式开始实施。段队长把人员分为铲探组和发掘组，在统一领导下，各司其职。

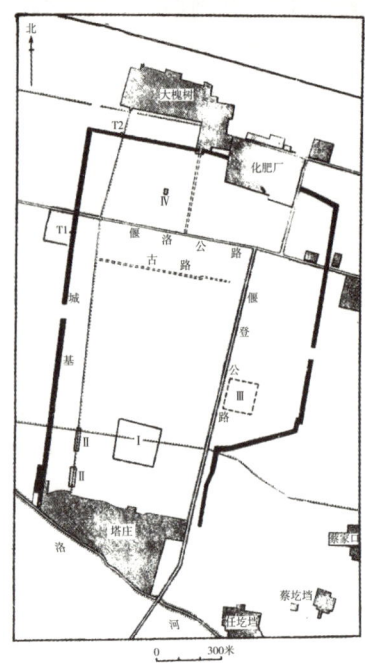

段鹏琦团队与他们发现的偃师商城
上：左二：段鹏琦　左四：杜玉生
右二：肖淮雁
下：偃师商城实测图

副队长杜玉生和技师陈华州负责铲探。为兼顾文物勘察和农业生产，他们充分利用田埂、路边、田间小道和小型灌溉渠等无麦苗或麦苗较稀处布孔，对铲探发现的各种建筑遗迹，一般仅作条件允许的卡探。靠这种方法取得的勘察结果，虽然从严格的科学意义上看只是粗线条的，但它基本符合工作任务的要求，而且保住了当年小麦的丰收前景。铲探工作进行得相当顺利，至5月11日已经探明了除南城墙以外的东、西、北三面城墙，从而弄清了它的整体形制和范围。至此，段队长的发言开始有了底气：可以说，这是一座保存颇为完好的城址，整体略呈长方形，唯其东南部因受城外大面积水域的限制，东城墙南段有拐折。城址南北长1700余米，东西宽740米（南部）至1215米（北部），全城面积约190万平方米。在城内发现大面积夯土建筑基址四处，有三处坐落于城区南部，其中位置居中的一号基址面积尤大，近4万平方米，段队长推测当为宫殿遗址，而南部应是该城的中心区域。在城区北部和中部还各发现道路一条，城中部的一条呈东西走向，城北部的一条呈南北向，沿着它的走向，在北城墙上找到城门基址一处。这座城址的基本布局大致廓清，铲探工作就此结束。接着，又请人绘制了该城址的五千分之一实测图。

发掘工作则由段鹏琦队长、肖淮雁和技师张德清负责，同时在西、北两面城墙上各开探沟一条。两条探沟的发掘分别于5月15日前后结束。在20多天的发掘中，既查明了城墙顶部及两侧的地层叠压关系，又对残存城墙本身作了解剖，为判断城墙的年代及建造方法提供了有力证据。根据发掘资料，他们对该城的年代及其沿革作出了如下表述：该城始建年代的最后确定虽然有待于

偃师商城鸟瞰（考古所河南二队供图）

南部城区的全面考察和发掘，但我们有理由断定，商文化的二里岗期当是该城历史上的兴盛时期之一；在与二里岗晚期相当的某段时间里，城墙曾作过"修补"；该城废弃的年代，大约相当于二里岗晚期或更迟一些。因此，可以说它是商代前期的城址（洛阳汉魏故城队　1984）。

综合铲探、发掘两方面的资料，段鹏琦认为，该城绝非商代的一般聚落，也非当时的方国小城，而应是一代王都，并且不排除它是汤都西亳的可能性。这一考古发现不仅具有极高的学术价值，从开展深入考察和城址保护的角度看，其前景也是十分可喜的。要之，这是一项重大的发现。

这一考察结果，很快得到了上级领导和文物管理部门的认可，他们以此为依据，妥善处理了城址保护和首阳山电厂的选址问题：电厂为给城址让路，又西移了200米，其主要设备冷却塔和机组等都避开了保护区。随后组建新的考古队进行长年的发掘，新的发现层出不穷，重大发现给学界和公众带来的冲击，围绕学术问题展开的激烈交锋，种种好戏，都自此徐徐拉开了大幕。

参考文献：

中国社会科学院考古研究所洛阳汉魏故城工作队：《偃师商城的初步勘探和发掘》，《考古》1984年第6期。

段鹏琦：《偃师商城发现追记》，《河南文史资料》1998年第2辑。

段鹏琦：《洛阳古代都城城址迁移现象试析》，《考古与文物》1999年第4期。

杜金鹏：《偃师商城初探》，中国社会科学出版社，2003年。

杜金鹏、王学荣主编：《偃师商城遗址研究》，科学出版社，2004年。

中国社会科学院考古研究所编著：《偃师商城（第一卷）》，科学出版社，2013年。

杜金鹏等：《前世·今生：偃师商城遗址考古与保护》，科学出版社，2014年。

中国国家博物馆等编著：《洛阳大遗址航空摄影考古》，文物出版社，2017年。

说不尽的偃师商城（二）
——赵芝荃受命接手

组建新的考古队

上文说到洛阳汉魏故城考古队，在队长段鹏琦的率领下，圆满地完成了勘探与试掘任务，偃师商城得以发现。该城址是国家文物局委托中国社会科学院考古研究所负责勘探发掘确认的，这个城址后续的考古工作，自然而然地落在了作为中国考古"国家队"的考古所的身上。而我们中国社科院考古所的学术组织架构是，研究所以下为若干研究室和中心，几个田野考古研究室又下辖相关的考古队。研究室的建制始于1950年代建所之初，是按照当时的学术形势和需求设置的，马克思主义史学注重社会发展阶段，所以我们也相应地成立了一、二、三室，即原始社会考古研究室、商周考古研究室（1990年代改为夏商周考古研究室）和汉唐考古研究室，按时段划分，各守其职。段队长他们的洛阳汉魏故城工作队，归汉唐考古研究室管，但他们发现的偃师商城属于商代，显然归商周考古研究室负责。由于这样的建制，段鹏琦他们的研究对象侧重于汉魏时代，所以尽管邂逅重大发现，但也无心恋战。他们很快整理好了钻探与发掘资料，1984年上半年，一篇优质的、颇受好评的考古简报公布了出来（洛阳汉魏故城队1984），他们的使命也就完成了。

接下来就是组建新的考古队，按说这不是一件容易的事儿。考古所在全国范围内有20多个工作队，但田野考古人员也就百八十号人，连年发掘的大的都城遗址都安排不了几个人，所以基本上是一个萝卜一个坑。组建新的偃师商城工作队的任务布置给二室，大概让时任二室主任的张长寿（著名考古学家）颇费踌躇。最终，考古所和二室领导决定让赵芝荃出马，担此重任。

赵芝荃，北京门头沟人，1928年生。成年求学正值鼎新之际，共和国教务待兴，他从辅仁、清华、北大三校转学了一圈，都在历史系，多从名师。说起来他与洛阳有缘，1954—1955年本科考古实习即在洛阳。1955年从北京大学历史系考古专业毕业后，入中国科学院考古研究所工作，直接分配到了洛阳。此后参与或率队发掘了洛阳东周王城、汉河南县城及多处先秦时代遗址。1958年，任洛阳发掘队队长，可谓年轻有为。1959—1979年，任二里头工作队（或称洛阳发掘队、洛阳二队，1972年后改现称）队长，主持发掘偃师二里头遗址。著名的1号、2号宫殿，铸铜作坊和若干重要贵族墓，都是在他任上发现发掘的（赵芝荃 2008）。

自1980年起，多年跟着他在二里头遗址发掘的郑光接任二里头工作队队长，老队长赵芝荃则带着两三个技师从二里头遗址考古现场转入室内，在洛阳市区内周公路上的我们所洛阳工作站，专心整理编撰他主持的二里头遗址前20年的考古发掘报告，报告最终于1999年出版。本书《中国最早的青铜钺发现记》一文中提及的高级技师郭天平，就是他那时从二里头带走的得力助手。

说不尽的偃师商城（二）

赵芝荃先生，1954年在洛阳实习期间摄于龙门

时间到了1983年，赵芝荃手头的报告整理得差不多了，那年他55岁，已晋升为副研究员。对田野考古生活有感情、有干劲，经验丰富。尤其重要的是，他执掌了20年二里头遗址的考古工作，对于夏商考古颇有研究，这些条件，使赵芝荃成为偃师商城考古队队长的最佳人选。就这样，1983年7月，由赵芝荃任队长的偃师商城工作队正式成立，成员包括曾发掘过山西夏县东下冯遗址的黄石林、徐殿魁，以及赵芝荃从二里头队带来的年轻学者、30岁出头的刘忠伏，另聘请资深技术专家钟少林为顾问。郭天平等得力技师也随之从6公里外的二里头转战偃师商城。

新组建的考古队于1984年10月首次发表了他们在1983年秋

季的发掘成果,署名是"中国社会科学院考古研究所河南第二工作队"(河南二队 1984),这一名称在正式发表的考古报告中沿用至今,而偃师商城工作队,说来只是一个私下的俗称。这是为何呢?原来,二里头出身的赵芝荃队长,为了探索夏文化的源头、都邑和地域分布,在二里头遗址1号宫殿基本发掘完毕后,于1975—1979年,先后率队在河南省多个地区进行考古调查,主持发掘临汝煤山、永城王油坊、柘城孟庄、商丘坞墙、新密新砦等遗址。跳出二里头遗址,寻找新的学术增长点,系难得的学术创新之举,但沿用"二里头工作队"的名称已不合适,于是他们征得考古所的同意,以考古所"河南第二工作队"(河南第一工作队主要负责新石器时代考古,隶属一室即原始社会考古研究室)的名义开展工作,发表成果。后来,这个队的负责人赵芝荃

偃师商城考古队早期队员
左一起:刘忠伏、黄石林、赵芝荃、徐殿魁

被任命为偃师商城考古队队长，赵先生也就把这个本已存在的队名带到了偃师商城。考虑到今后这个工作队仍可能到其他地点进行考古工作，赵队长他们就沿用了这个队名，不再更改。这就是河南第二工作队负责偃师商城考古工作的原委，这是我专门向赵芝荃先生求教获知的。

大发现引起轰动

上文说到1983年5月，段鹏琦队长他们就大致搞清了城址各方面的情况，报送考古所和国家文物局。当年秋季，赵芝荃率领新组建的考古队着手开展进一步的工作，但迟至次年上半年，才最终发布发现偃师商城这项重大成果。那时的社会和学界还没那么浮躁，文物主管部门和研究机构都比较谨慎，媒体也没有现在发达，从发现整理到消化酝酿、成果发布，一切按部就班。

目前能够查到的关于偃师商城的最早媒体报道，是《北京晚报》1984年2月22日刊出的一则简讯《我国发现一座商代地下城址》。第二天的《光明日报》上，也有相关报道。接着，《人民日报》在3月4日的第一版上刊出了报道《偃师发掘出商代早期都城遗址》。学者相关的推断意见几乎同时刊布了出来，如2月28日的《北京日报》推出了题为《汤都西亳说》的文章；与《人民日报》的报道同一天，《河南日报》报道的题目为《我国考古工作的一项重要发现，商汤的都城在偃师找到了》。其实，这些提法到目前为止在学界还是有争议的。

偃师商城全景（南-北）
上：1983年租用飞机拍摄
下：2017年无人机拍摄

说不尽的偃师商城（二）

从地方政府的网站上还能感受到当时的热度:"偃师商城遗址是继安阳殷墟和郑州商城之后,我国商代都城遗址的又一重大发现。国外学者将偃师商城的发现,与19世纪德国考古学家谢里曼在小亚细亚发现的著名的特洛伊古城相提并论,联合国教科文组织将偃师商城遗址的发现列为1983年世界十七大考古新发现之一。"一般认为,距今3600多年前的偃师商城遗址是迄今为止所发现的我国商代早期城址中年代最早、规模最大、保存最好、便于全面进行科学研究工作的一座王都,在我国都城建设史上起着承前启后的作用,是研究我国早期都城,尤其是宫城制度、宫殿建筑布局的珍贵标本。有学者评价道:"偃师商城与其相邻的二里头遗址,成为夏商考古中不朽的双子星座。"

1984年4月4日的《光明日报》上,刊出了发掘者赵芝荃等的文章《偃师商城的发现及其意义》,这是此项大发现的参与者对公众的直接发声,因而颇为学界所看重。几乎同时,中国社会科学院考古研究所主办的权威学术杂志《考古》月刊,在1984年第4期上刊载了《偃师尸乡沟发现商代早期都城遗址》的学术简讯。在简讯末尾,发掘者也作出了自信的前瞻:"可以相信,这座商城的大规模发掘,对于我国古代文明和城市发展历史的研究,无疑将有十分重要的贡献。同时,也将极大地促进夏文化问题的进一步解决。"

《考古》当年第6期和第10期,又接连刊发了前一年春、秋两季分别由洛阳汉魏故城工作队和河南第二工作队主持的偃师商城的勘察和发掘简报(洛阳汉魏故城队 1984;河南二队 1984）。按照学术界的惯例，这是该城址资料的正式发表。

至于偃师商城头上的光环，仅略举一二：1988年，偃师商城被国务院公布为第三批全国重点文物保护单位；1997年，偃师商城小城发掘，入选该年度"全国十大考古新发现"；2001年，偃师商城入选"20世纪中国100项考古大发现"。

从下面的梳理中，可以窥知围绕一项考古发现，学界、媒体和公众间的互动，微澜巨波，颇具兴味。

城址定名之辨

关于偃师商城名称的由来，段鹏琦等在初步勘探和发掘简报中有说明，"鉴于该城址紧靠偃师县城，我们称其为偃师商城"（洛阳汉魏故城队 1984）。这应该是合适的。

依考古界约定俗成的惯例，遗址命名应以遗址所在地的小地名为准，以能精确反映遗址所在位置为宜，否则就会出现不同遗址有相同名称的情况。所谓小，是相对省、县级行政区划来说的，一般是遗址所在的村庄名，或者当地人对某村辖地内一处更小地方的称呼。从这个意义上讲，"偃师商城"的命名略显不足。倘若在现偃师市境内又发现一座"商城"，则"偃师商城"的命名就面临着巨大的尴尬。所以，我曾想偃师商城最理想的命名应是"塔庄商城"之类——以城址所在的村庄命名。

与此相似，"良渚古城"也存在这样的问题。良渚已成为一个考古学文化和良渚城址所在的大聚落群的概念，在良渚文化范围内不排除今后再发现城址的可能，良渚城址也极易与其所在的良渚遗址群相混淆，因此，城址命名应以小地名为宜。我在2008年的现场研讨会上曾提示，考虑到已发现的城址范围较大，行政区划上又不属于良渚镇，且基本上围绕莫角山人工台基修筑，似以"莫角山城址"为名更合适些。

相比之下，还有比"偃师商城"更具争议的定名，这就是大名鼎鼎的"尸乡沟商城"。上文说"偃师商城"被国务院公布为第三批全国重点文物保护单位，其上榜的正式名称就是"尸乡沟商城遗址"。看起来，尸乡沟是个小地名，但细究起来，它不仅不是当代地名，甚至作为地名就没有存在过。而这个遗址定名居然登堂入室，将错就错地一直用到了现在，目前仍多见于学术论著和各类读物中。这又是怎么一回事儿呢？

查"尸乡沟"一词，最早见于上引《光明日报》1984年4月4日的文章。此文署名黄石林、赵芝荃。因比赵芝荃队长年长的黄石林曾跟随著名古史学家徐旭生研习古代文献，颇有功底，参加偃师商城发掘工作之余，对于遗址的古史属性有所思考，赵芝荃遂嘱其执笔，又经过目切磋，最后联合署名刊出。几乎同时刊出的《考古》1984年第4期上的简讯，也有类似的表述，表明这一仅标明"本刊讯"而未署名的简讯，也是出自赵芝荃团队之手。简讯中既有段鹏琦团队的考古成果，也包含了赵芝荃团队新的工作内容，可为佐证。

而由段鹏琦团队执笔的、刊发于《考古》1984年第6期的首篇考古简报，尽管比这篇简讯晚两个月刊出，却是发现者段鹏琦团队关于偃师商城最早的较系统的信息介绍和分析意见。这篇简报的完成和提交时间，应早于简讯和《光明日报》上的文章。我们知道学术期刊中正式报告和论文的编辑和排期需有一定周期，而短小精悍的简讯作为学术动态，是可以"加塞"安排的，报纸的灵活性则更强。

我们注意到，在段鹏琦团队执笔的这篇关于偃师商城的最早的文字中，就提及了"尸乡沟"，而赵芝荃团队则沿用并引申了这一提法。

为何不能叫"尸乡沟商城"？

在第一篇简报中，段鹏琦等在文末分析偃师商城的性质时，援引了《汉书·地理志》河南郡偃师条下班固自注"尸乡，殷汤所都"（宏按：原文误为"成汤所都"）的记载。这是"尸乡"这一地名与偃师相关联的最早记述。众所周知，班固系东汉人，后来所有关于偃师商城与商汤王都关系的比附，概出于此。

而在该简报的勘察背景交代中，作者提及："从很早的时候起，当地就广泛流传有关尸乡和西亳的传说，城郊各地还保留着多处与传说相关联的'遗迹'：城西吓田砦村以东有所谓伊尹墓、田横塚；城南高庄村边地势隆起，人云是汤都西亳的'亳地'；城西南塔庄村北有一东西向低凹地带，老乡世代相承称之为尸乡沟。"如是，考古人就把近2000年前文献中的一种说法，通过今人的口中"传说"，与埋藏在地下3000多年的古城联系在了一起。从"尸乡"到"尸乡沟"，一字之差，何止千年。

偃师商城的发掘者对这一民俗学上的"发现"，很是兴奋。赵芝荃团队执笔的简讯，题目即为《偃师尸乡沟发现商代早期都城遗址》，正文开头没有先平实地介绍考古发现，而是开宗明义地提出推断性意见："去年夏季，中国社会科学院考古研究所的一支田野工作队，在河南偃师城西的尸乡沟一带，发现商代早期的都城遗址，很可能是商汤所都'西亳'。"然后作了如是推论："现在偃师新发现的这座城址，年代属商代早期，规模如此宏大，而且恰好有一条名叫'尸乡'的沟横穿城址，如此相符不可能是偶然的巧合，至少说明东汉学者公认为的汤都就在这一带地方。"在《光明日报》的文章中，他们的推论更为肯定："据此，我们认为这座城址即是商汤所都的西亳，殆无疑义。"

按发掘者的提法，"尸乡沟"属仍然在使用的当代小地名，而这条沟是论证该城址属于商代开国君王汤的都城"西亳"的最重要证据之一。果如是，沧海桑田间居然有如此没走样的传承，那实在是学术史上的一个佳话，甚至可以说是传奇。但从学术的角度，这显然是令人生疑的。

前文提及"尸乡沟"一词的来源，最早见于段鹏琦团队的简报："城西南塔庄村北有一东西向低凹地带，老乡世代相承称之为尸乡沟"（洛阳汉魏故城队 1984）。赵芝荃等在稍后的论文中也有记述："在城址中部有一条东西向的低凹地带，穿城而过，老乡世代相传称之为尸乡沟或尸乡洼"（赵芝荃等 1985），点出了这一低洼地带与城址的位置关系，还提到老乡称此沟为"尸乡洼"。

发现其中问题的，是多年参与偃师商城考古工作、后来成为该队队长的王学荣，他在1996年撰文指出：殆无疑义的是汉代的"尸乡"地域在今偃师一带，而上述低洼地带应为汉魏时期人工开凿的漕运河"阳渠",但"'尸乡沟'一词在历代文献中未见有记入,也无处可寻"。"在工作期间,我们就此仔细地询问当地的老年人,发现他们并不知道'尸乡沟'在哪里,也不知道当地有'尸乡沟'之古传说,仅有个别老年人听说过'尸乡沟',但也是在偃师商城遗址被发现以后,考古队在当地做发掘工作而始。""当我们向他们询问塔庄村北的低洼地带有没有名称时,大多数人都说那条低洼地叫'石羊洼'……(那一带原)有一大(封)土堆(冢),土堆(冢)前有石刻的羊等动物像……解放后平整土地时,土堆(冢)和其前的石羊等石像一起被毁尽。"(王学荣 1996)

至此,民俗学田野调查解决了一桩考古学史上的谜案。

一个旁证是国人极讲究吉祥,当代汉语中"尸"则为极不祥之词,因而绝不见于中国各地的地名之中。我们考古所位于北京王府井大街旧址南面的胡同属"黄图岗"社区,字意别扭,颇疑本来为埋人的"黄土岗",因嫌一抔黄土之意而改之。2020年再发新冠疫情的北京新发地大型批发市场,原名"新坟地",1958年改为现名。类似情况,在我们这个讲究禁忌的国度比比皆是,国人对这类不吉利的字眼,历来是采取零容忍态度的,这是"尸"字用于当代地名的最大反证。而发现、发掘者证史心切,将当地老乡所言"石羊沟"解译为发音相似的"尸乡沟",遂成就了考古学史上的一段轶事。

与此相类,段鹏琦团队简报中言"城南高庄村边地势隆起,人云是汤都西亳的'亳地'"。查这个"亳"字,除了安徽亳州外,绝无用于当代地名的例子,其他地方的一般百姓甚至根本无

说不尽的偃师商城(二)

法正确读音、正确写出（往往与"亳"字相混淆）。因此，偃师当地人仍将偃师商城以东高庄一带称为"亳地"的可能性，也是可以排除的。

如按所包含的专有名词划分，全国重点文物保护单位的定名，可分为以现今地名（如二里头遗址）和古代国名、地名（城名）（如赵邯郸故城、刘国故城）命名两大类。第三批国保单位中的"尸乡沟商城遗址"，却不属于这两大类中的任何一类。而查全国重点文物保护单位"尸乡沟商城遗址"的正式说明，则称"遗址位于河南省偃师县西南洛河北岸的尸乡沟村一带"（由国务院新闻办公室领导，中国外文出版发行事业局管理的国家重点新闻网站"中国网"之"全国重点文物保护单位：尸乡沟商城遗址"条）。由古代地名"尸乡"，演绎为当代地名"尸乡沟"，又以讹传讹为"尸乡沟村一带"，已成无稽之谈，令人哑然。

考古人在遗址命名上改动地名者，并非孤例。一个例子是著名的河南登封王城岗遗址，被认为应是夏禹王所都阳城的遗迹，但"其实，当地群众原来是把这块土岗俗称为'望城岗'的。所谓'望城岗'，是说站在岗上朝东北和东南方向望去，可以清楚地看到嵩山脚下的告成镇和古阳城，还没敢想得太远"（何新年　2007）。而该遗址发掘报告的作者推定王城岗城址即夏都阳城的理由之一是："龙山文化中晚期城址所在地的'王城岗'及西北方'王岭尖'这两个地名，是当地群众久传下来的以'王'字命名的古老地名。从已发掘出来的王城岗龙山文化二期的城址范围看，正和群众传说的'王城岗'的大小相一致。所以，估计就是夏代阳城遗址大致不误。"（河南省文物研究所等　1992）看

"尸乡沟商城遗址"保护碑

来,考古人对遗址名中的地名有意无意的更改,都可以看作是关乎夏都和商都传说的延续。

王城岗和望城岗,相差不大,又挺吉祥顺耳,学界也就相沿而习用之,亦无不可。唯"尸乡沟商城遗址",仍堂皇地作为"全国重点文物保护单位"的正式名称(据说改起来要惊动国务院,手续繁复,颇为不易,想想也就知难而退了),被今天为数不少的学者和政府官网相沿成习地使用着(2009年7月,由河南省人民代表大会常务委员会审议批准的《洛阳市偃师二里头遗址和尸乡沟商城遗址保护条例》,仍沿用此名称)。

但此番来龙去脉,却不可不知。在这种情况下,稍有违以小地名命名的原则而称其为"偃师商城",虽出于不得已,但却是合适的。进入1990年代,偃师商城考古队的发掘者在考古简报或简讯中已不再使用"尸乡沟商城"的称呼，而以"偃师商城"取而代之。

发现与推论间的差距

由上文可知，从披露这一大发现的简讯和简报开始，在考古遗存刚露头，信息资料还相当匮乏的情况下，发现与发掘者就开始将其与1000多年后甚至更晚的传世文献相比附，试图"对号入座"式地敲定这座城址的主人。自此，一场持续至今的学术大论战也拉开了帷幕，争来吵去的商榷论著卷帙浩繁。在简要介绍之前，我们要警惕被"带偏"，还是先看看段鹏琦、赵芝荃团队究竟发现了什么，这是问题的本原和讨论的基础。这些，是一定要与包括他们在内的学者的诸多阐释、推想区分开来的，也即，要区分史实与看法。

如前所述，段鹏琦团队通过勘探和局部解剖发掘，初步确认了西、北、东三面城墙的位置、走向、长度、夯筑结构和保存状况，推测东城墙南部因避让水泊而向西拐折；在北城墙上发现城门一座及由此向南的一条大路，城中部偏北还发现一条东西向大路；大路以南发现一条东西向的晚期淤土沟，"应是横穿城址的沟渠，其地望与老乡所传尸乡沟一致"；城南部较集中地发现了三处建筑基址群，最大的一处居中且有围墙。

关于城址的年代，因在城墙及其附近的试掘中发现大量具有已知的商代二里岗期文化特征的遗物，初步推定偃师商城为商代前期的城址。关于其性质的重要推断有三：其一，"绝非一般聚落,也非方国小城,而应是一代王都",南部建筑基址群应为宫殿区;其二,该城址与二里头遗址关系密切,"在目前正在进行的关于夏商文化的讨论中必然居于不容忽视的位置";其三,偃师商城应是商代前期诸亳之一,考虑到古文献中"尸乡""亳坂"的相关记载,尽管"它是否为汤所都之西亳,现在尚无作出明确判断的足够证据,但这并不是说该城没有是商汤都亳的可能性"(洛阳汉魏故城队 1984)。总体上看,段鹏琦团队就夏商分界论战而言是"局外人",故其分析还是较为平易的。

1983年秋,赵芝荃领衔的河南二队接手偃师商城,开始进行有计划的大规模发掘,重点放在了搞清城址的始建年代和基本布局两个方向上。到1988年春季的考古工作,都是在队长赵芝荃的主持下开展的,直至是年他年满60岁退休。这一阶段偃师商城的考古工作成绩斐然,举其要者,有以下数项。

钻探发现东城墙和西城墙上各有三处"豁口",疑为城门遗迹,加上段鹏琦团队在北墙中部发现的一处,共有七处。通过发掘确认了东、西城墙上各一座城门。在城内又发现了若干道路遗迹。对城址南部的三处建筑群的范围及建筑布局作了进一步的勘察。确认居中的1号建筑群内有五处大型夯土建筑基址,1984—1988年,重点发掘清理了其中的两座;确认两边的2、3号建筑群外围都有夯土围墙,三处建筑群形成三座自成单元的小城(河南二队 1984、1985、1988)。这都是非常重要的发现。

这些新发现如果展开,可以得出许多有意义的结论,但如果观点先行,就会无视和忽略不少有益的信息。如1983年秋发掘的西二城门门道长16.5米(大致等于城墙宽),宽2.3~2.4米;1984

偃师商城4号基址发掘现场与建筑复原示意（考古所河南二队供图）

年秋东二城门的发掘,与此大致相同,门道宽2.4~3米,而门道全长达22米。请想象一下,这是什么概念?这就像北京的胡同一样窄长逼仄啊!城墙如此宽厚,城门却如此逼仄,这不是该城注重防御的军事色彩浓厚的标志吗?但我们的学者在推论中,却止不住地将这座军事色彩浓厚、规格上远逊于郑州商城的城址比附为"高大上"的商王朝主都——亳。

再比如,在西二城门的旁边,有一道窄夯土与宽厚的城墙垂直相交,伸向城内。当时的发掘者推断为登城的"马道",但未作任何说明。现在我们知道,殷墟时代之前的中原地区还没有引进家马,更谈不上战马。而据后来的工作,被发掘者推断为"马道"的夯土带,其实是早期小城的城墙。小城的西北拐角,被更宽厚的大城城墙包夹在内,因土质土色不同,在当时拍摄的照片上有确切的显现。留存于考古队的当时绘制的线图上也有,但由于无法解释这一现象,没有想到它属小城城墙的可能性,发掘者在整理加工线图准备发表时,抹去了小城城墙包夹在大城城墙内那部分的线条(杜金鹏 2015)。它再次告诉我们考古"实录"——如实地记录我们所观察到的一切——的重要性。这个应引为教训的处理方式,使得本来在当时即已露头的偃师商城小城从考古人的眼皮底下又溜走了,进而使得这项重大发现延后了14年。到了1997年,偃师商城小城才重见天日,入选该年度"全国十大考古新发现"。这是后话。

上述新的考古工作,在中国文明史的研究上当然有非常重要的贡献,但从这些不会说话的遗迹、遗物中,却无法得出"这座城址就是商汤所都的西亳"(河南二队 1984),而1号基

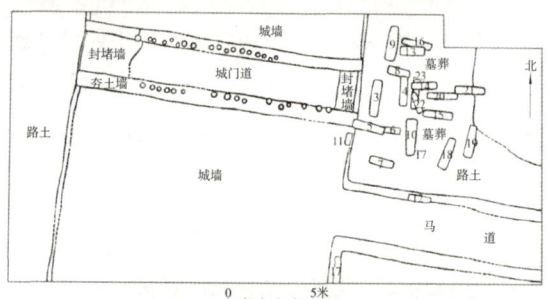

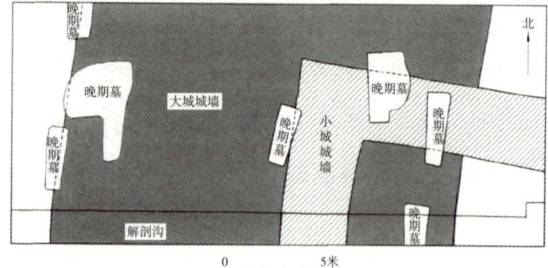

偃师商城西二城门

上：西二城门照片，大城包夹小城的遗迹清晰可辨（东北-西南）

中：1983年发掘偃师商城西二城门城墙城门平面（河南二队：《1983年秋季河南偃师商城发掘简报》）

下：1996年偃师商城西二城门重新发掘所见大城与小城城墙平面关系（杜金鹏：《论考古资产保护》）

址群应即"宫城"(河南二队 1985)的确切结论。这些发现以及随之推出的论说,导致日后学术争议不断,聚讼纷纭。学者陷于其中"捣糨糊",圈外"吃瓜"群众则一脸茫然,都是引人深思的。

参考文献:

中国社会科学院考古研究所洛阳汉魏故城工作队:《偃师商城的初步勘探和发掘》,《考古》1984年第6期。

中国社会科学院考古研究所河南第二工作队:《1983年秋季河南偃师商城发掘简报》,《考古》1984年第10期。

中国社会科学院考古研究所河南第二工作队:《1984年春偃师尸乡沟商城宫殿遗址发掘简报》,《考古》1985年第4期。

赵芝荃、徐殿魁:《河南偃师商城西亳说》,《全国商史学术讨论会论文集》(《殷都学刊》增刊),1985年。

中国社会科学院考古研究所河南第二工作队:《河南偃师尸乡沟商城第五号宫殿基址发掘简报》,《考古》1988年第2期。

河南省文物研究所、中国历史博物馆考古部编著:《登封王城岗与阳城》,文物出版社,1992年。

王学荣:《河南偃师"尸乡沟"小议》,《中国文物报》1996年9月22日。

杜金鹏、王学荣主编:《偃师商城遗址研究》,科学出版社,2004年。

何新年:《行走中原》,大象出版社,2007年。

赵芝荃:《赵芝荃考古文集》,科学出版社,2008年。

中国社会科学院考古研究所编著:《偃师商城（第一卷）》,科学出版社,2013年。

孙庆伟:《追迹三代》,上海古籍出版社,2015年。

杜金鹏:《论考古资产保护》,《考古》2015年第1期。

说不尽的偃师商城（三）
——亲历那些人和事

"西亳说"VS"郑亳说"

前文屡次提到"亳""西亳"，除了偃师商城，还有郑州商城，令人眼花缭乱。这里简单梳理下其中的关系纠葛。

商王朝的缔造者是成汤，"汤居亳"或类似的表述，最早见于先秦文献如《孟子》《墨子》《荀子》和《战国策》等书，《尚书》中有"汤始居亳，从先王居"的记载，《史记·殷本纪》所述与其相同。故商王朝早期建都于亳，是可以肯定的。"亳"字从字形上看，就是对高台建筑的摹写，大致相当于"京"吧。古代以"亳"为名的地方很多，早期文献并没有指明汤都亳在何处，这就给后世留下了阐释甚至想象的空间。

大致靠谱的先秦文献到司马迁《史记》上语焉不详的这几个字，在汉代及以后被阐释得越来越详细，正如民国大学问家顾颉刚所言，"时代愈后，传说中的中心人物愈放愈大"（《古史辨》），地望等细节愈来愈清楚，汤都亳的传说四处开花。到了西晋时代，糅合相互矛盾的诸说，出现了殷商王朝有"三亳"（南亳、北亳、西亳）的说法，此说出自皇甫谧这位勤于笔耕的老中医的笔下，西晋之前从未有此说。尽管如此，当代学者还是大费笔墨而热闹地加以引用考证。

商代后期所都"殷",已由甲骨文的发现和殷墟的发掘得到证明。而商王朝从"亳"到"殷"的迁都历程,则扑朔迷离。1950年代初,郑州地区发现了早于殷墟文化的二里岗文化遗存,面积巨大,包括出有铜器的墓葬和铸铜作坊等。1955—1956年,更在其中发现了大致呈纵长方形,周长近7公里的夯土城圈,城圈围起的面积达3平方公里,此城址遂被命名为郑州商城。后来,这里又发现了更大的外城圈,面积逾10平方公里,整个大遗址群的面积则更大。

1959年,著名古史学家、中国科学院考古研究所研究员徐旭生以70多岁的高龄,率队踏查"夏墟",拉开了从考古学上探索夏文化的序幕。在这次考察过程中,他们发现了偃师二里头遗址,"此遗址颇广大"而遗物丰富,给徐旭生留下了深刻的印象。在当年发表的报告中,他推断"如果乡人所言不虚,那在当时实为

二里头遗址的发现者徐旭生及其"夏墟"调查报告附图

一大都会，为商汤都城的可能性很不小"。本来是寻找"夏墟"，却认为发现的应是灭掉了夏的第一代商王的都城，这本身就暗寓着这类推论的不确定性。徐旭生的这一推定的最大依据，当然又是上文说的那条《汉书·地理志》河南郡偃师条下的班固自注"尸乡，殷汤所都"六个字，以及东汉末年的大儒郑玄所言"亳，今河南偃师县，有汤亭"。徐旭生述及原委："在此调查前颇疑西亳的说法，但因为它是汉人的旧说，未敢抹杀。"于是才有了上述推论。

自此，这位大学者的观点为学界所普遍接受，"二里头汤都西亳说"深入人心。随着属二里头文化晚期的1号、2号两座大型宫殿基址的全面揭露，到了1970年代，二里头文化晚期的二里头遗址为早商时期的商汤之亳都，二里岗文化的郑州商城属于中商时期的商王仲丁之隞都，安阳殷墟为晚商时期商王盘庚至帝辛之殷都的观点，几成学界共识。

1977年，在国家文物局组织召开的"河南登封告成遗址发掘现场研讨会"上，年届半百、厚积薄发的北京大学讲师邹衡的长篇发言一语惊人：二里头是夏都，郑州商城才是商汤都亳！接着，邹衡连发多篇论文，1980年出版扛鼎之作《夏商周考古学论文集》，一举奠定其"夏商周考古第一人"的崇高学术地位。一石激起千层浪，众人群起而攻之。有学术史论著称有如一匹黑马的邹衡为"搅局者"（孙庆伟　2015），颇为贴切。

邹衡此新说，学界称之为"郑亳说"。最初，"郑亳说"对阵的是二里头"西亳说"，而1983年偃师商城的发现，导致二里头"西亳说"的阵营产生分裂，大部分学者将原来坚持的二里头

2005年，笔者陪同北京大学邹衡教授考察二里头

"西亳"，微调到了六七公里以外的偃师商城，观点改变后又是坚信不疑，已如前述，是谓新"西亳说"。然后就是围绕着郑州商城和偃师商城谁早谁晚、谁更像是"亳"或肯定是"亳"的争吵论战。数百篇论文，十余部学术专著文集，无数次的学术研讨会，其参与人数之多、论战之激烈、聚焦程度之高，在考古界罕有其匹，成为20世纪下半叶以来的一道独特的学术风景线。

对此，本人曾有过不太受各方待见的评述：当一个议题多年来聚讼纷纭、久议不决时，是否就要考虑该命题的合理性、可行性或方法论上出了什么问题，与武丁至帝辛都殷这个"唯一解"和"信史"相比，二里头分别被推定为夏都斟鄩、夏桀所都、商汤都亳，郑州商城则被推定为商汤都亳、仲丁都隞，而给新发现的偃师商城贴的标签，更是五花八门，从商汤都亳、名相伊尹居城、伊尹放逐商王太甲的桐宫（邹衡持此说）、商王太戊新都、盘庚都殷，到辅都别都陪都或军事重镇，不一而足。人们不禁要问，前殷墟时代是信史时代吗？没有像甲骨文那样的当时的自证性文书材料参与互证，这类问题能解决吗？

有学者风趣地总结道，"郑亳说"的大本营在北大（邹衡为主帅），"西亳说"的大本营在社科院考古所（以赵芝荃等学者为首），主战场则在河南！作为"郑亳说"和"西亳说"分别认定的最早的商都，郑州商城和偃师商城"城头变幻大王旗"，两方都把自己认定的主都放在最为重要的位置而加以强调。但学术观点历来只能是学者"个人本位"的，而不可能是以某一学术机构为本位的。关于郑州、偃师二商城的关系问题，作为考古所的学者，本人的认识就与我的同事师友们不甚相同：

> 可以肯定郑州城和偃师城是大体同时的两座二里岗文化时期的都邑级遗址。就遗存分布范围而言，郑州城为10平方千米以上，偃师城则基本上限于大城城垣以内（约1.9平方千米）。从城址规模上看，郑州城在建城之初即建有3平方千米的内城和规模逾10平方千米的外城；偃师城早期小城约0.86平方千米，后来扩建的大城不足2平方千米。郑州城发现了为数众多的出土青铜礼器的墓葬和青铜器窖藏坑，以及铸造青铜礼器的作坊；偃师城则仅见有个别随葬少量青铜礼器的墓葬。偃师城几乎平地起建，城垣宽厚且有意设计出多处拐折、城门狭小，以及城内府库类建筑的设置，都显现出较浓厚的战备色彩；这与郑州城的全面繁盛也形成较鲜明的对比。总体上看，这两座城址在聚落层级上的差异是显而易见的；同

时，二者的城市功能也很可能有较大的不同。鉴于此，郑州城为主都，偃师城是军事色彩浓厚且具有仓储转运功能的次级中心或辅都、副都的意见应是较为妥当的。（许宏 2006）

风传于北大学子间的一首打油诗更有意思：

郑亳西亳几成仇，
西亳全赖大灰沟。
前八后五今何处，
东西二里不到头！

（大灰沟，偃师商城"宫城"内发现的一处该遗址最早的遗存，被发掘者引为夏商分界的界标。前八后五，史载商人迁都，建国前八次，建国后五次）

与赵芝荃先生的缘

我1984年从山东大学本科毕业后，留校任教。1986年开始，我师从山东大学考古专业创始人、著名考古学家刘敦愿教授在职攻读硕士学位。次年，亦师亦友的栾丰实老师和我的同班同学方辉（二人后来先后成为专业的学科带头人）硕士毕业，二人也是刘敦愿教授的学生，栾丰实老师与我一样，也是毕业后留校并在职攻读的。因我们专攻的都是先秦考古尤其是夏商周考古，所以除省内专家外，导师刘敦愿还专门聘请了时任偃师商城考古队队长的赵芝荃先生来山东大学,主持栾、方二位的学位论文答辩,并作学术报告。陪同赵先生赴山东的得力助手,就是前文提及的技师郭天平。

我就是在那时与赵芝荃先生相识的。赵先生当时是学界"大咖",作为中国考古"国家队"的大员,先后主持洛阳东周王城、二里头与偃师商城的考古工作,大名鼎鼎。儒雅和善,是赵先生给我的第一印象,我们都是他的"粉丝"。因与栾、方二位是同门师友,在接待学校的贵宾赵芝荃先生时我更是鞍前马后地尽心尽力。

按导师的安排,当年(1987年)夏季,作为研究生实习的一环,我赴河南考察与学位论文相关的遗迹遗物。有了与赵芝荃先

1985年春,时任中国社会科学院副院长的夏鼐(前排右二)一行视察偃师商城发掘现场,队长赵芝荃(前排右一)讲解

说不尽的偃师商城(三)

生的这层关系，偃师洛阳之行，顺遂愉快。

　　赵芝荃先生派他的专车——212型北京绿吉普去偃师站接我。要知道，那是当时县团级领导干部才能有的公务用车标配，可以想见当年赵队长的威风。在偃师，赵先生安排我就住在位于塔庄村内的偃师商城考古队驻地。听讲解，看陶器，与赵先生和队里的同仁聊天，甚至赵先生请当地领导吃饭谈事儿，都拉上我改善生活、感受下氛围。第一次去二里头遗址，也是赵先生安排车陪我一起去的。那时，二里头考古队还没搬进后来的驻地大院，我们是在二里头村内考古队的临时租住地见了郑光队长和我的山大校友杜金鹏师兄。人生就是这么跌宕起伏，那时怎么也想不到的是，杜金鹏于9年后的1996年，调任偃师商城队任队长，而我也于同年博士毕业后留在考古所，被安排到偃师商城队参加"会战"；更没有想到的是，在偃师商城工作了两年半后，又在1999年，被安排与郑光先生交接，接手了二里头考古队。

　　我是1992年从山东大学考入中国社会科学院研究生院攻读博士学位的。那时赵芝荃先生已退休数年，但因手头还有偃师商城的报告需要整理，每年仍去偃师，享受他已习惯了的考古队生活。1996年秋季我再次入住偃师商城考古队那个小院，加盟偃师商城宫城的新一轮发掘时，赵芝荃先生则因身体原因，恋恋不舍地离开了这个他战斗生活过十几年的小院。

　　我是满含情愫写下《赵芝荃考古文集》（2008）的"编后记"的：

> 如赵芝荃先生在《自序》中所言，其毕生主要精力都放在了中原地区的夏、商、周三代都邑，尤其是二里头遗址和

偃师商城遗址的发掘与研究上。他在偃师和洛阳工作的时间长达40余年，这期间每年有半年以上时间是在那里度过的，最多时达9个月，那里被他视为第二故乡。在赵先生离开偃师的1996年，我恰好博士毕业入考古所工作，开始参与偃师商城遗址新的发掘，随后的5个季度就是在那里度过的。1999年又被任命为二里头工作队队长，主持二里头遗址的勘察与发掘工作。就这样，我成为在两大遗址上继承赵先生等前辈未竟事业的"接力者"之一员。当我们翻检那些在粗糙发黄的底册上誊写得一丝不苟的一份份发掘记录，想到前辈们是在那样严酷、艰苦的环境中完成了这些寻找历史的业绩，敬重、感激之情油然而生。值先生八十寿诞之际，尽力促成文集的出版，既是了却其整理总结个人研究成果的心愿，也是了却自己向前辈致敬的一个心愿。

把第二故乡当家的考古人

意犹未尽，再说说赵芝荃先生那些事儿，这是一位典型的田野考古人的写照。

话说执掌偃师商城考古队之初的赵先生，不唯田野考古上大显身手，在关于考古勘察工作等问题的协调沟通中，也显现了他作为资深考古队长极强的社会交往和运筹能力。我们圈内有个偏于"自恋"的说法：当然不是所有人都想干考古，但也肯定不是所有人都能当好考古队长的。学问之外，考古队长需要练就摸爬滚打接地气的功夫。正是用配合电厂基本建设考古工作的结余资金40万元——那在1980年代可是天价，赵芝荃队长买下了塔庄村大队部后院这块地，建起了考古队的驻地；又把他率队发掘的大型建筑基址所在的15亩地买了下来，作为保护用地，旁边建了排房作为库房，找人值守。这些作为，颇有大当家的范儿。

从此，考古队不用再像1959—1978年在二里头发掘时那样，打一枪换一个地方，租住邻近几个村的民房了。带藤蔓遮阳架、种着竹子的小院，有一栋质朴的红砖二层小楼、一辆北京吉普，有厨有库，自成天地。曲尺形小楼的北楼二层正中，悬挂着一块木匾，上书两个饱满遒劲的大字："亳庐"。据说这是颇怀文墨的

2019年，为配合遗址公园建设，考古队迁出了小院，这是行前留影
上："小院即景 下："亳庐"牌匾

黄石林老先生的手笔,也是他们那代人的念想。二里头考古队的驻地是1987年建成的,含内、外院,外墙刷了大白,有点园林味道,在当时设计了四个有卫生间的房间,据说后来还遭到了所领导的批评,认为不符合艰苦朴素的要求。那时看偃师商城队的小院,质朴小巧合用,比较顺眼,而二里头队的"大院",似乎有点超前。比至新世纪之初我接手二里头,感觉二里头队驻地生活起来正合适,而偃师商城队的小院,则有些逼仄和过于古朴了。

对有了自己的一亩三分地的赵队长而言,更重要的是还有一支队伍——手下有北京来的队员和在当地培养起来的技师,加起来十几个人七八条"枪"(考古人的长枪是洛阳铲,短炮是手铲)。一支特别能战斗的队伍,他这位队长就是大家长。多年执着于在中原古都建功立业,终于有了这个考古人之家,他迷恋这个家。

赵先生出身于殷实之家,虽受过良好教育但不是书呆子,口才好,会处理关系,与偃师当地从官员、企业主到村干部乃至农民兄弟相处都非常融洽,所以在当地人缘甚好。晚上与赵先生在塔庄村里散步,端着饭碗蹲在家门口的老乡都会熟稔地和他打招呼:"赵队长回来了?喝汤了没?"河南老乡把吃晚饭叫喝汤,大概是源于此前穷苦时代的一种语言印记吧。这招呼里透着一股乡里乡亲的热络劲儿,赵队长应该很受用于这层关系、这种感觉。

他长得器宇轩昂,有网友在后来悼念这位考古学家时点评道:老爷子看着真有过去老北京人的范儿,谦和儒雅不怒自威,透出来一股子大气自尊的精气神。北京爷的范儿也使得这位学者为了事业不太顾家。考古圈内有俗语云:有女不嫁考古郎,一年四

赵芝荃先生,1990年代在偃师商城考古队

季守空房。说得大致不差。每位执着的男性考古人背后,大抵都有一位默默独立持家、为丈夫担负起不少的贤妻良母。赵先生的夫人就是这样一位贤淑的女性,她兢兢业业地干着图书管理的工作,把三个子女拉扯成人,其间的甘苦是可想而知的。考古圈的人都会说"军功章"真得有媳妇的一半。

久而久之,赵先生大概也有了考古人容易患上的"职业病":对家的心理"错位"。在考古队那个家说一不二的、位于核心的感觉,在自己的家中恐怕很难找到,毕竟没有多少参与和付出。日本人把在家务上基本无贡献、碍手碍脚的丈夫形容为粗大无用之物,执着的考古学者在家里的地位也大抵如此吧。

我们单位的同事到了田野发掘的季节,是不需要领导催促就会主动订票收拾行装奔赴各地的考古现场的。田野考古业务人员彼时如果在北京的研究所照面，最惯常的问候语会是"还没走啊？"赵先生自己也曾说，觉得在洛阳就是在家，回到北京反而感觉是出差。

赵先生离开中原第二故乡后，有偃师的学者、官员朋友来北京家里看望，老爷子都视如老家来人，颇感亲切。他工作了30多年的偃师，也的确没有忘掉这位把那儿当家、留下丰饶的精神财富的老专家。在2008年赵先生80寿辰之际，中共偃师市委、市政府为表彰其在弘扬当地文化乃至中国古代文明上的业绩，决定授予其"偃师市荣誉市民"称号。这对老爷子来说，是莫大的慰藉。赵先生学术文集的出版过程中，受到经费的困扰，我说动了熟悉的偃师市相关领导，最后他们慨然出资，才使得文集能够在他80寿辰的当年面世。

1955—1996年的40多年里，几乎每年，赵先生都像候鸟一样往来于京城的家和中原古都考古队的家之间。这是考古人的常态，行话叫"下田野"，从春柳吐芽持续到枝枯叶黄。这样的付出换来的收获是，若干重要的考古发现要记在他的名下，他提出的不少学说令人瞩目，主编了两本考古报告，出版了一部学术文集。他是探索中国最早的王朝——夏商王朝文明的主将，是地处洛阳盆地的偃师二里头和偃师商城这两大都邑的开拓者，和夏商考古的重要奠基人之一。"痛悼两大都邑开拓者，追思夏商考古奠基人"，正是匆匆从二里头赶回八宝山送行的我，给赵芝荃先生敬上挽联时写的话。学术上，他是功德圆满的。这话，他是当之无愧的。

赵先生去世的前几年，身体大不如前，腿脚疼痛不灵便，不愿多活动，而每天在搀扶下走步是保持其生命力所必需的。家人劝其锻炼的法宝是——你不是还要再回偃师、洛阳看看,参加二里头发掘60年纪念会吗?老爷子一听这话就不说啥了,像孩子似的乖乖听话走动起来。这是他的一个念想,他为了这个念想,活到了88岁的米寿。他还想在身后,能回到魂牵梦绕的第二故乡。那儿是他建功立业的热土,他的辛勤、他的思考、他的收获、他的青春、他的情感,都贡献在那里了。2016年10月24日,赵先生因病逝世,生前遗愿是把骨灰撒入洛河。

一位老考古人,最终的遗愿是把骨灰撒进远方的一条河。这是怎样的一种牵引、一份情缘?

后来人的丰硕收获

与二里头考古队三任(三代)队长各执掌20年不同,偃师商城队的负责人更换较为频繁。自1988年赵芝荃先生退休到1996年,先后由徐殿魁、刘忠伏和张立东任负责人。1996年,偃师商城考古队重组,杜金鹏从二里头考古队调任于此,主持工作。2001年,王学荣继任。2004年,谷飞继任至今。偃师商城的发现与研究,续有进展。

其间,1988—1995年,随着偃师商城遗址及其附近地区开展大规模基本建设,计划性的主动发掘被迫暂停,但工作中仍有新的发现。1988年,通过钻探发现东、北、西三面城墙的外侧都有宽大的护城壕。1991年,在洛河北堤北侧的塔庄村东和村内,勘探发现了原认为被洛河河道冲毁的南城墙,全长约740米。至此,偃师商城四面城墙得以闭合。1991—1994年,对商城西南角的第

偃师商城发掘诸同仁
左起：张良仁、王巍、王学荣、许宏、杜金鹏

1997年，偃师商城"会战"诸位与老队长赵芝荃合影

2号建筑群（小城）进行了大规模发掘，其中发现成排成列的建筑基址，推断应是规格极高的仓储之所，或为国家级府库遗存。稍后，又发现西城墙南段的一处城门，城门下的水道通向城内重要区域，表明偃师商城曾有发达而完备的给排水系统（杜金鹏等 2004；社科院考古所 2013）。

1996年，中国社会科学院考古研究所决定把偃师商城宫殿区的发掘列为本所重点工作，要求尽快打开局面，把偃师商城的考古工作提升到新的高度，这与整个考古学学科开始转型是有很大关系的。在夏商周考古领域，学界长期以来聚焦于狭义史学范畴的"对号入座"式推想，把已发现的考古遗址与文献记载的国族都邑相对应而争议不休。如何从"证经补史"的王统考古转为全方位的社会考古，解决都邑等高规格遗址的空间布局及其演化过程乃至社会意义等问题，就成为当务之急。新的偃师商城考古队由长期从事夏商考古的杜金鹏领衔，夏商周考古研究室调集精兵强将，刚刚取得博士学位、留所工作的我，也就与偃师商城有了再会之缘。

在山东大学任教期间，我就受训并结业于国家文物局田野考古领队培训班，获得了个人田野考古领队资格。偃师商城"会战"期间表现出"来之能战，战之能胜"的优势，又被领导相中，这才有了1999—2019年执掌二里头遗址考古工作的缘。偃师商城对我来说，是福地。

想来很享受在偃师商城工作的两年半时间，那个小院住满了人，人气爆棚。杜金鹏队长后来充满激情的回忆，把我们那时的团队氛围淋漓尽致地勾画出来了：

年逾花甲的胡秉华、杨国忠、王杰等老先生,在退休之后谢绝诸方聘请,甘愿到偃师商城冒风雨卧尘土,发挥了重要作用。许宏、谷飞、张良仁、岳洪彬等年轻朋友,同心同德,生气勃勃,攻城破关,所向披靡!已在偃师商城摸爬滚打数年的王学荣,更是中坚栋梁,虽然年轻,却善动脑筋,田野功夫过硬。我们团结友爱,同甘共苦,干得欢欢喜喜,热火朝天。已经退休的偃师商城队首任队长赵芝荃先生,对我们多方鼓励,大力支持,关爱之情,暖人肺腑。(杜金鹏　2003,自序)

新的考古工作的重心放在被称为"宫城"的1号建筑群以内,全面揭露了其中的数座大型夯土建筑基址,搞清了这个建筑组群的布局与演变过程。由新发现的"宫城"北部的石砌池渠,可知"宫城"内自南而北分为建筑区、祭祀区和池苑区,其中建筑区又分为东西两组,颇具章法。大城东北隅的发掘,卡定了大城城墙的建造年代,搞清了城墙、护城河、城内文化遗存间的相互关系。以王学荣提供的线索为契机,发掘确认了小城(如前所述,

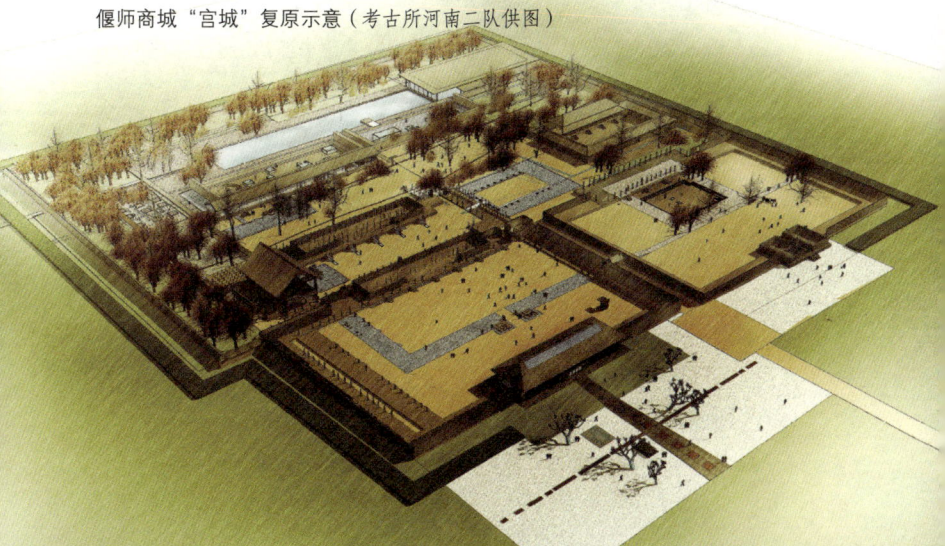

偃师商城"宫城"复原示意(考古所河南二队供图)

偃师商城小城北墙发掘

国家文物局局长单霁翔（中）视察偃师商城遗址公园

最初被推定为"马道")的存在。可知偃师商城先后建造过大、小城,小城早于大城,而"宫城"位于方正的小城中轴线上。这些收获,远远超出了"郑亳""西亳"之争的范畴,使得偃师商城的考古工作又上了一个新的台阶,赵芝荃先生称之为"偃师商城第二春"。

1999年,我被调到六七公里外的二里头考古队主持工作,一干就是20年,2007年之后的10年时间还兼任夏商周考古研究室主任。与偃师商城考古队的同仁当然保持着亲密的关系,也一直关注着他们的田野考古和研究的进展。就夏商考古而言,我们两个队是属于一个大课题组的。对即将启动的二里头遗址的申遗工作,我们就呼吁这两处遗址应该联合申报,它们的背后,应该隐含着中国历史上第一次王朝更替的故事。而对这个故事的原委,我们仍是雾里看花,相信进一步的考古工作可以廓清迷雾,让我们把这个故事讲得更真切、更清晰。

参考文献:

徐旭生:《1959年夏豫西调查"夏墟"的初步报告》,《考古》1959年第11期。

杜金鹏:《偃师商城初探》,中国社会科学出版社,2003年。

杜金鹏、王学荣主编:《偃师商城遗址研究》,科学出版社,2004年。

许宏:《都邑变迁与商代考古学的阶段划分》,《二十一世纪的中国考古学——庆祝佟柱臣先生八十五华诞学术文集》,文物出版社,2006年。

赵芝荃:《赵芝荃考古文集》,科学出版社,2008年。

北京大学考古文博学院编著:《记忆——北大考古口述史(一)》"赵芝荃"条,北京大学出版社,2012年。

中国社会科学院考古研究所编著:《偃师商城(第一卷)》,科学出版社,2013年。

杜金鹏等:《前世·今生:偃师商城遗址考古与保护》,科学出版社,2014年。

孙庆伟:《追迹三代》,上海古籍出版社,2015年。

"秦代造船遗址"定性，谁更权威？

1974年，广州市区发现秦汉造船工场遗址。一石激起千层浪，关于该遗址的定性，自发现伊始就争议不断，形成"船台说"与"木构建筑说"两大阵营。1996年，"秦代造船遗址"被公布为全国重点文物保护单位，但这一权威发布，却未能止息争议。文物、考古、历史、地质、地理、环境、水利、海洋、科技史、建筑史、船舶史与船舶制造、方志等领域的专家学者纷纷参与论战争鸣。一项重大考古发现，经过40多年还有如此之大的争议，且争议还在持续进行，这在学术史上是极为罕见的。

"造船工场"惊现羊城

1974年底，广州市文化局大院内的建设工程中发现了木结构古代遗迹，遗址地处广州市中心的一处台地上。广州市文物管理处受命负责勘察和清理工作，中山大学75届的工农兵学员参加了发掘。到目前为止，这次试掘的资料刊布只有发表于《文物》杂志1977年第4期的一篇简报（广州市文管处等 1977）。简报开宗明义地指出发现的是"一处秦汉时期的造船工场遗址"。这当然是一项重大的发现。

在那个时代，成果公布要注重集体而不能突出个人，简报以集体署名，但圈内人都知道此次发掘的主持人和简报执笔者是麦英豪。麦英豪（1929—2016），广东番禺人，著名考古学家，被誉为广州现代考古的开拓者。他从23岁开始进入广州市文物管理委员会工作，是考古界"老黄埔二期"的学员，经三个月的培训生活后回到广州，就再也没有离开过这个地方，此后逐渐成为广州考古的顶梁柱，被认为是广州考古的奠基人。2013年广州田野考古开展60周年之际，麦英豪写了一幅对联："六十年田野考古尽心尽力，一甲子三大发现留与后人。"这被认为不仅是麦老对

南越王墓发掘现场（左立者为麦英豪）
1952—1955年，国家文化部（社会文化事业管理局）与中国科学院（考古研究所）、北京大学联合举办了四期考古工作人员训练班，学员总数达300余人，被称为考古界的"老黄埔四期"。这四期训练班的特点是，学员此前几乎都没有从事过田野考古工作，而当时留在大陆的文物考古界知名学者几乎都参与了授课。对于新中国的文物考古事业，这是一场空前绝后的"救火"行动，同时也成为一场文化盛宴，后来的学生再也无此殊荣。

广州文物考古工作60年的总结，也是他对自身田野考古生涯的归纳。三大发现指秦代造船遗址、南越国宫署遗址、南越王墓，可见造船遗址的发现在其心目中的地位。这是其"成名之作"，也是他数十年考古生涯中充满争议的一件事。

经报请国家文物局批准，试掘工作于1975年8月开始，次年1月结束，历时约5个月时间。据简报，发掘前就成立了"广州市古代造船遗址试掘领导小组"，考古工作是在该小组的领导下进行的。而"试掘结束后，广州市、肇庆市和上海江南造船厂、上海交通大学造船系以及有关部门的工人、科技人员、领导干部和历史、考古专业人员在现场进行科学鉴定和研究，初步肯定了遗址的性质"。看来，这个结论是相关专业人士集思广益的结果。

据报道，这是一个规模巨大的船舶工场，已发掘的部分为东西长约30米、南北宽约11米的长方形，该区域中有三个平行排列的造船台，还有木料加工场地。而古代造船工场遗址在我国尚属首次发现，且年代早到秦汉尤为难得。因而，这一发现"对于研究当时船舶规模、造船设备技术水平和交通事业的发展，以及自汉武帝以来我国大型船队从浩瀚的南海远航印度洋一带与东南亚诸国交通往返等方面，都有重要的价值"。

发现的"船场遗址"位于地表以下5米处，船场上面覆盖的是西汉初年以来的堆积层，下面是灰黑色的沉积黏土。取样分析表明其中含有大量的海洋生物，初步推断属海相地层，表明这里曾是浅海，秦代在此建造船场时已成沉积的泥滩。已发现的三个船台呈水平式平行排列，已在西部发现可能的斜坡式下水滑道。关于造船台的构筑方法，发掘者推测："船台是与滑道相结合的，

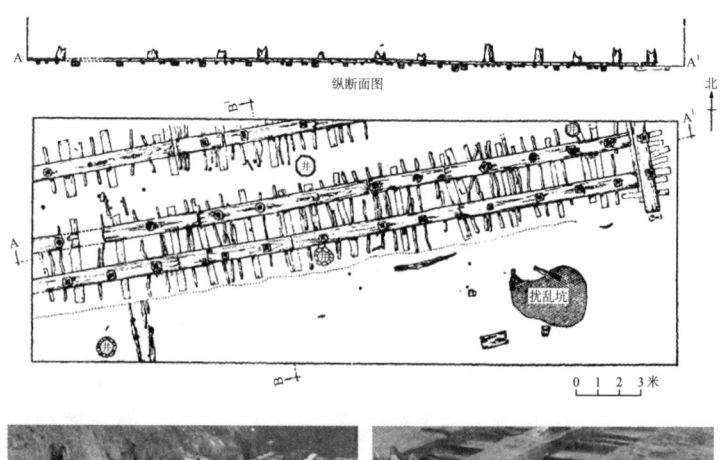

简报中披露的"船台"结构图和出土情况（广州市文管处等：《广州秦汉造船工场遗址试掘》）

形如现代的铁路轨道一样，由枕木、滑板和木墩组成。"

关于造船工场的年代，试掘中未发现绝对纪年的资料，1号船台据放射性碳素断代，年代为公元前240±90年。发掘者根据地层的叠压关系及出土器物的年代特征，并结合有关文献史料，就船场的始建年代、废弃填覆年代以及船场的建造与当时广州地区发生的重大史事的关联，作了初步的推论。

其结论是，这个船场最终废弃填覆于汉初文景年间，不能排除船场始建于汉代初年的可能。"但有一点是可以肯定的,像这样大规模的造船工场的出现……是与当时当地发生的重大历史事件有关的。"秦始皇统一岭南,置桂林、象、南海三郡,南海郡治就在番禺。至秦二世时,赵佗拥兵割据,自立为南越武王。"假定船场是始建于汉初,这期间正是赵佗割据岭南的时候。但……在赵佗统治时期,没有任何关于水上活动的记载。"再从考古发现看,"汉初在船场的附近曾营造过大型宫室,而且规模大,建造相当讲究,船场场地亦因在建筑用地范围以内而被填平了。……可以认为已露出的这一段砖石走道是属于赵佗称帝之后所营建的大型宫室的一个附属部分。……假设赵佗当时出于军事或水运交通贸易的需要而创建这样大规模的造船工场,到了文景之前就把它废弃填覆掉,是没有理由也不可能的。所以这个船场属汉初始建的可能性似乎不大"。而到达番禺的秦军"在此修建造船基地,为这场持续多年的统一战争赶制运输急需的船只那是很自然的事"。因而,"这个造船工场始建于秦代统一岭南时期;到了西汉初年的文景之际,即南越赵佗割据称帝之后废弃填覆的"。可知关于遗迹始建于秦代的论断大抵是建立在推想的基础上的。

关于造船工场所显现的技术成就与意义,简报也浓墨重彩地给予了高度评价:"这个造船工场遗址的发现,充分反映了当时造船工匠们的聪明智慧和创造才能。比如,船台的木墩用格木,滑板用樟木和格木,大枕木用杉材,格、樟、杉同是造船的优质木材。而格木的材质坚重,纹理密致,耐水湿,用以作架承船体的木墩,适合需要质坚抗弯力强的功能要求。樟木坚硬,纹理斜行,结构细密,耐磨蚀,耐水湿而又防虫,宜作滑板。杉木质轻富于弹性,用作枕木可分散船台的重压而不易折断。三个不同的部件选取三种材质不同的木料,反映出当日造船工匠在选材方面的丰富经验。遗址中船台结构的基础处理,也是相当先进的,它成功地运用铺设枕木的办法来加大受压面积,保持滑道受压均匀,避免局部下沉,以取得造船所需的水平度。同时,还从力学的观点考虑,在两行滑板的接口地方,用大枕木垫承,以防止造船或船体下水时接口处因受压不匀会出现高低错位而使船体倾倒的危险。船场需要选在容易下水的江河之滨。河滨土质湿软抗压力差,而船台滑道要求基础稳定,抗压力大,由于采用枕木的基础设计,使矛盾得到解决。"

鉴于上述,"可以认为,早在秦代,我国已进入了建台造船的阶段。另一方面,滑道中两行滑板与枕木之间,木墩与滑板之

三个"船台"的东端(南-北)(吴凌云等:《南越国宫署遗址》)

间不作固定处理,这样滑道的宽距根据不同需要,可窄可宽,两个船台可以分别造大小不同的船,也可以造同一规格的船。至于船场的整体布局及船台滑道下水结构的基本原理,就是到了近代的船厂还没有什么两样"(广州市文管处等 1977)。

同期《文物》杂志上还刊载了署名上海交通大学"造船史话"组的文章《秦汉时期的船舶》,该文认为广州秦汉造船遗址的发现"为我们研究我国古代造船史提供了宝贵的资料","使我们看到秦汉时期我国的造船业已具有巨大的规模和相当先进的生产技术"。

此消息当时颇为轰动,新华社发了专稿,发表在简报公布当年(1977年)的《人民日报》和地方报纸上。许多文章、著作把它作为定论加以引用。

船史等领域专家的质疑

但如此定性意见,似乎并非共识。

据后来的记述,1976年3月在发掘现场召开的遗址性质鉴定会上,华南工学院的龙庆忠教授发言,认为是南越国的建筑遗址,应为南越王台或离宫,并提请地理学者确认此处是番禺山还是海滩。"但当时龙是右派,不便多言"(广东省立中山图书馆 2002)。1979年,广东省博物馆在《文物考古工作三十年(1949—1979)》一书的综述文章中,提及"有些同志提出这类遗址可能是一种建筑遗址,而不是造船工场和船台"(文物编辑委员会 1979),表明从该木构遗迹发现之初,关于其功能性质就有不同的意见。

1980年，华南师范学院地理系资深教授吴壮达在一篇论述广州历史地理的文章中，最先提出了质疑。他指出"造船工场"一带地势偏高，"其后又是怎样从'造船场'变为'越王宫殿'的一角，这个疑问，并未得到解答"。进而"怀疑不是造船工场遗址，而更有可能是与古番禺城或古广州城有关的建筑遗址"（吴壮达　1980）。

1981年，中国科学院自然科学史研究所专攻船舶史的研究生戴开元，在其撰写的硕士学位论文中对"造船工场"说提出了否定意见。在此基础上，1982年正式发表了质疑文章。文中提及他经数年实地调查，搜集相关资料，并"得到广州学术界人士的指教"。该文也披露"对该遗址的性质，广州学术界却意见纷纭，分歧颇大"。他认为"'造船工场遗址'说并没有充足可靠的证据，该遗址结构本身存在许多难以解释之处"（戴开元　1982）。可知其观点代表了相当一部分学者的认识。

关于该木结构遗迹的具体功能，他注意到简报介绍覆盖木构遗迹的地层中出土大量残瓦，"采集标本大小千余片，计有板瓦、筒瓦、瓦当三种"（广州市文管处等　1977），由此指出"出土大量形制相同的残瓦片，却没有发现相应的其他建筑基址遗迹，因而这些瓦片极可能是该遗址同时之物。而以瓦片形制看，它不可能是造船工棚所用，至少是官衙以上的重要建筑的残瓦。这是判断该遗址的有力证据"。此外该遗址还出土有蚬壳和食后弃置的家畜残骨、橄榄核等与生活有关的遗物。

同时，戴开元还将该木结构遗迹与陕西岐山凤雏和扶风召陈的西周建筑遗址相比较，认为二者的柱网结构具有相似特征，因此发现的"木墩"应是建筑物木柱的残存物。他指出，与中原地区多采用埋石和夯土作为柱础不同的是，"在我国南方新石器时期木构建筑中，多次发现采用木板作柱础。广州地区地处副热带，盛产各种木材，广州'遗址'的'滑轨'和'枕木'很可能是防止木柱下陷的柱础结构。用整根大木作几根木柱的共同柱础，抗沉性胜过一柱一础的结构；在'滑轨'下铺设一层枕木，又把建筑物载荷分散到更大的面积上，从而大大增强整个建筑的抗沉性。该建筑基址下面的地层是承载能力很差的沉积粘土，采用这种复杂的柱础结构非常适合"。

戴开元注意到，从已发掘的部分来看，该建筑物东西方向至少13间、南北方向至少3间。它坐北朝南，如以南门计，方向约80度，这和秦都咸阳宫室的朝向相当接近。"这与其说是船

遗址内的砖石走道和"万岁"瓦当（广州市文管处等：《广州秦汉造船工场遗址试掘》）

"秦代造船遗址"定性，谁更权威？　　191

台滑道方向的巧合,还不如说是重要建筑有意选择的方位更为合理。"

最后,戴开元指出:"该遗址的存在年代属于秦代至西汉初年,这正是广州市的前身——古代番禺城的形成时期。经广州一些历史地理学者研究,该遗址所在地'高坡'一带,位于秦汉之际番禺城范围以内……(遗址内)发现有'万岁瓦当'和作工考究的大型砖石走道,当年赵佗营建的宫殿很可能就在此地或其附近。在这样的地方设置'大规模造船工场'是不可思议的"(戴开元 1982)。而在遗址附近,已发现了一些很可能是古代建筑的木柱残存物。

后来学者在总结中国传统船舶研究现状时认为,"经深入研究论证,提出'该遗址很可能不是古代造船工场遗址,而是木构建筑遗址',这是中国船史学术界向假船台发出的犀利的第一枪。迄今,虽然'广州秦代造船遗址'身披多道绚丽外衣,却得不到船史学术界一篇论文的支持,而建筑考古界却有大量的论文确认,这里是南越王宫苑的遗址。戴开元的论文被认为是自然科学史研究所在上个世纪80年代初重要的研究成果之一"(席龙飞 2009a)。

1983年,吴壮达教授也系统地阐述了他在上引1980年文章中的疑问:"所谓'滑道'的本身就不足以证明其为滑道的作用。而论其水平式的轨道型排列走向,究竟与'河滩'的岸线走向和岸坡倾斜交角如何,既属难以弄清,其下滑方向的水域位置与水体性质亦无从证实。再则,与此遗址的南北邻接连区,南为'番山'小丘,残迹今犹未灭;北及东北、西北三面相邻地区均较遗址地面为高,其下概未经发掘,亦无详细钻探资料,难以说明其与当时'造船场'遗址之间有何联系。至于更重要的问题:假定造船工场属实,何以文化层的叠合状态,在'越王宫'的方砖过道之上多属瓦砾堆积,而其下前方则除'滑道'之外,并无直接有关的建筑物基础可寻?此二类不同遗物在层位上的形成及其相互叠合的原因何在,无从推测。"(吴壮达 1983)

吴壮达教授也在戴开元论文后的鸣谢名单中,他的发声,在"意见纷纭,分歧颇大"的广州学术界应是具有代表性的。

1984年,武汉水运工程学院的席龙飞在中国造船工程学会第三次会员代表大会上,代表船史研究会作了题为"船史研究的进展与动向"的学术报告,其中指出所谓"造船遗址"与造船毫无关系(席龙飞 2009b)。

1989年,广州市地理研究所李平日研究员在其领衔主编的《广州地区第四纪地质》一书中订正了以往肯定"船台说"的认识。

1990年,龙庆忠在《羊城今古》上发表文章,正式提出了他身为右派时未敢多言的判断,认为遗址中所谓的木墩和滑道应是建筑中的柱、枋,遗址可能是南越王赵佗的朝汉台或王宫,木构建筑是其中的一部分(龙庆忠 1990)。

考古界与文管部门的坚持

话说早在"造船工场"发现不久的1975年2月,广州方面就派麦英豪专门赴京,向中国考古学的"国家队"——中国科学院考古研究所的夏鼐所长及苏秉琦、安志敏、黄展岳等作了汇报。

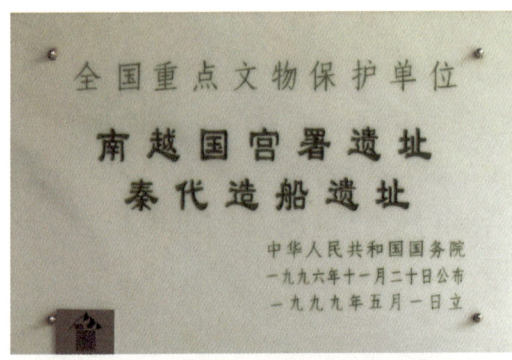

"南越国宫署遗址、秦代造船遗址"保护标志牌

南越国宫署遗址展示（南越王宫博物馆）

夏鼐、苏秉琦都嘱咐将工作做细，对于定性问题则不置可否。此后，安志敏提出了否定的意见，这是后话。

1984年出版的《新中国的考古发现和研究》一书，是中国社会科学院考古研究所集体编撰的一部集成之作，由夏鼐领衔。书中专辟"秦汉造船业的考古发现"一节，其中关于广州造船工场遗址的介绍约占一半的分量，指出"这里的发现，揭示出二千一、二百年前我国造船业的宏大规模和高超的工艺技术水平"。尽管"还存在着不同的看法"，"这一问题有待今后发掘工作去解决"，但"假定目前的判断不错，那么，这就是一处在当时能够成批生产内河和沿海船只的大规模造船基地"（社科院考古所 1984）。下笔虽留有余地，但结论基本上是肯定的。

1986年，由夏鼐主持编撰的《中国大百科全书·考古学》出版，其中列"广州秦汉造船工场"条，系麦英豪撰写。

1993年，广州市文化局提出利用该机构所在地段引进外资，在造船工场遗址旁兴建文化广场，将遗址发掘后原地保护，并纳入到文化广场中。国家文物局根据多次专家论证会的意见，同意了这个规划。1994年，第二次发掘清理面积有所扩大，发掘者进一步肯定了原来的意见，但随后建起的遗址博物馆是"南越王宫博物馆"，而非"造船工场博物馆"。

1996年11月，国务院公布了第四批全国重点文物保护单位名单，其中古遗址类的第35处为"秦代造船遗址、南越国宫署遗址及南越文王墓"。此次权威发布，排除了此遗址属于西汉时期的可能性，排除了其属于南越国宫署建筑的可能性，但并未消解一直以来不同的声音，甚至招致了更大的质疑。

1991年，广东省博物馆在综述广东文物考古工作十年（1979—1989）的文章中，述及"秦汉时期的大型木构建筑遗址，当时判断为'造船工场遗址'"，1988年又在其西侧不远发现了汉代大型建筑，揭露出用砖铺砌的地面，与汉砖共存的有"万岁"瓦当，"应属南越国的王室宫殿一类建筑。联系中山四路的'造船工场遗址'的上部堆积中也出有大型铺地砖，推测这处'造船工场遗址'很可能亦属宫殿一类的建筑基址"（文物编辑委员会 1991）。这与前述该馆署名的文物考古工作三十年（1949—1979）综述文章（文物编辑委员会 1979）中不置可否的提法相比，已有明显的倾向性。但到了1999年，由广东省文物考古研究所署名综述广东省考古五十年（1949—1999）时，"广州秦造船工场遗址"又得到了肯定，作者认为可"证实造船工场是在营造南越国宫署遗址时被填埋"（文物出版社 1999），这应与当时的学术氛围与执笔者的不同有关。值得注意的是，第二执笔者邱立诚在自己文章中的观点与此并不相同。

1993年，邱立诚在独著的文章中，提及"遗址中大型走道不远处有规模庞大的木构建筑，发掘简报认为属造船工场遗迹。据发掘简报介绍，是被含汉瓦最多的第8层所叠压，在'造船木料加工场地'亦出有绳纹瓦，在此处出土的陶片和'造船台'出土的陶片器形、胎质、纹饰，都与第8层所出的相同，可见'造船工场遗址'的年代与第8层遗物的年代非常接近……与这处木构建筑相类的遗址在先秦时期的高要茅岗遗址亦有发现，很可能是岭南土著民族所流行的'干栏式'建筑，或许是当时居住在番禺的土著人首领的居室，秦军占领番禺后废弃，南越国即在此兴建

浙江余姚河姆渡遗址公园展示的干栏式建筑遗迹及其复原

干栏式建筑,即在木(竹)柱底架上建筑的高出地面的房屋,古时流行于南方百越部落的居住区。考古发现最早的干栏式建筑是长江下游河姆渡文化的干栏式建筑,距今约7000~5000年。这种建筑以竹木为主要建筑材料,大多为两层建筑,适合雨水多、比较潮湿地方的居住生活。中国史书中有干栏、干兰、高栏、阁栏和葛栏等名,当是由古越语言转译而来的音变。

宫室,因此,在遗址堆积中有土著文化特色的几何印纹陶片……看来,有关木构建筑的性质还需作深入的探讨"(邱立诚 1993)。这是广东当地的考古工作者比较明确地提出的不同意见。

由中国社会科学院考古研究所编著的《中国考古学·秦汉卷》出版于2010年。书中提及"1975年,发掘秦代的'造船遗址'时……发现了一条……南越国时期的铺砖道路,番禺城初露端倪","番禺城南墙大约在上述'造船场遗址'南约300米……西墙大约在'造船场遗址'的西边"(社科院考古所 2010)。作为番禺城之一部分被屡屡提及且加上引号的"造船场遗址"的性质,不言自明。

声势浩大的"打假"浪潮

进入1990年代,对"造船工场遗址"的质疑声愈烈。(宏按:此后的相当一部分文章为《"广州秦代造船遗址"学术争鸣集》所收录,不另注明。)

前述广州市地理研究所李平日研究员在1997年、2001年连续撰文(《广州南越国宫署的地貌环境分析——兼论"秦代船台说"的矛盾》《从宏观环境质疑"船台说"》),继续否定"船台说"。

1991年,华南师范大学教授曾昭璇在其著作中认为,木结构"也可能是干栏式建筑的基础"。

1994年,著名考古学家、中国社会科学院考古研究所研究员安志敏撰文论述古代华南的干栏式建筑,认为船台遗址应为干栏式建筑遗存(安志敏 1994)。

1995年，广州渔轮厂刘龙文撰文《对广州秦汉造船台"遗址"的浅议》，进一步否定"船台说"。

1997年，广东省博物馆研究员杨豪发表文章《广州"造船工场"实为建筑遗存》（杨豪 1997），认为"船台说"不符合史实，应为干栏楼居建筑。

2000年4—5月，中国社会科学院考古研究所研究员、建筑考古学家杨鸿勋在《中国文物报》上连载《南越王宫殿辨——与"船台说"商榷》一文（杨鸿勋 2000），详列22条理由，对"船台说"进行辩驳，认为这一遗址不可能是船台，而是宫殿遗址的木构建筑基础。针对广州市文物考古研究所冯永驱等人的驳议文章，杨鸿勋于8月再发答复文章，认为南越王宫署遗址应定名为宫苑遗址，船台遗址实为一座观景兼具生活起居功能的大型殿堂遗存。

紧接着，《中国文物报》又连发两篇文章（邓其生《从建筑考古学看广州"造船遗址"》、席龙飞《在广州发现的并非造船工场遗址》），从不同的角度否定"船台说"。

2000年出版的《广东省志·船舶工业志》和《广州市志·船舶工业志》对"造船遗址"都未置一词。

2000年12月，筹划多时的"广州秦代造船工场遗址真伪研讨会"在广州广东省立中山图书馆召开。研讨会由中国造船工程学会船史研究会、广东省科学技术协会、广东造船工程学会、武汉造船工程学会、广东省地理学会历史地理专业委员会、华南理工大学建筑学院、武汉理工大学船舶、海洋工程及土木工程学院、华南理工大学交通学院、中国第四纪热带亚热带环境委员会和广东省立中山图书馆10个学术单位联合发起和主办。出席会议的相关专家学者和新闻记者达100余人。

据十单位联合署名的研讨会《纪要》披露："会议邀请了'船台说'与'反船台说'双方学者,就'是否船台遗址'问题,展开正面论辩。遗憾的是,作为'船台说'的代表麦英豪先生未能应邀到会,而是委托一位代表替他宣读未涉及任何学术观点的《我的一点意见》后即行退场,极少数'船台说'者只是重复了过去的观点,未能对'反船台说'提出的各种观点、论据提出反驳,以致'船台说'与'反船台说'两种观点未能充分展开交锋。"(船史研究会等 2001)可以想见,会议开成了一面倒的针对"船台说"的"批斗会"。

《纪要》指出,尽管未能展开充分的交锋,这次会议在与会学者的共同努力下,仍取得了很大的成果,概括起来主要有如下三点:

一、与会绝大多数学者从不同学科的角度,针对"船台说"提出的论点、论据,作了学术性的论证,否定了"船台说"。

二、绝大多数学者确认遗址是南越国宫殿建筑遗址。

三、建议将大会研讨情况和成果如实向省、市领导和国务院领导报告,建议由国家文物局牵头主持,扩大发掘遗址,组织多学科专家学者,继续深入研究论证,把各方面的存疑问题弄清,把遗址的定性通过法律程序改正过来,以挽回在海内外造成的负面影响。

在此前后,1999年,主持发掘的麦英豪等在《广州秦汉三大考古发现》一书(广州市文化局 1999)中,撰写了《秦代造

两本针锋相对的文集,封面设计用了同一底图

船工场遗址两次试掘综述》一文,全面回顾发掘论证过程,坚持"船台说"。2001年,广州市文物考古研究所编著了《广州文物考古集·广州秦造船遗址论稿专辑》(广州考古所 2001),收录了前后三次的发掘简报,在"遗址性质论证"板块则收录了数篇持"船台说"观点的论文,书后附录又收录了数篇驳议性文章,维护"船台说"。

2002年,汇集了"广州秦代造船工场遗址真伪研讨会"提交论文、发言提要和若干既往论文的《"广州秦代造船遗址"学术争鸣集》正式出版(广东省立中山图书馆 2002),洋洋400余页。其中最大的一个板块就是与刚出版的《广州文物考古集·广州秦造船遗址论稿专辑》中的观点商榷论辩。但这本文集,在中国考古学界毫无反响,波澜不惊。我作为考古界的老兵,身处作为信息中心的北京，在提笔梳理这个事件之前，完全不知道还有这样一本文集，没有想到论争居然如此激烈。这当然首先是因为本人的孤陋寡闻，同时也在一定程度上反映了考古圈的漠然。

这部文集当然充满了浓重的火药味儿，有学者甚至将"船台说"的定性与当年陕西的"周老虎"事件相比附，收录的媒体报道仅看题目就令人眼晕。麦英豪及广州市文物考古研究所一方也不示弱，若干言辞也超出了学术的范畴。收笔之际，感触多多。有趣的是，不熟悉船舶史的考古学家大部分认可"船台说"，而熟悉船舶史或地质地理的专家，则大部分不认可"船台说"，而主张建筑遗址说。到目前为止，真的不好说哪边更靠谱些。

《"广州秦代造船遗址"学术争鸣集》的终篇，是此次研讨会的东道主广东省立中山图书馆时任馆长李昭醇的"跋"——《学术自由是学术繁荣的必要前提》。据这位"船台争鸣"的局外人的观察，"自2000年12月在我馆摆下'学术擂台'争鸣'船台说'以来，形势正逐渐向有利于'反方'发展"。他介绍道：2002年3月20日，在全省文化局长会议上，广州市文化局的发言中不再提及"秦代造船遗址"这一全国重点文物保护单位，"这一正式官方文件在正式官方会议上的亮相，应视为'实事求是'的官方表态"。其最后的话，还是颇令人回味的："从学术意义上来说，这一学术探讨顺利、健康的过程，也许比结果更为重要。"

一项重大考古发现，经过40多年还有如此之大的争议，且争议还在持续进行，这在整个中国考古史上也是极为罕见的。

参考文献：

广州市文物管理处、中山大学考古专业75届工农兵学员：《广州秦汉造船工场遗址试掘》，《文物》1977年第4期。

上海交通大学"造船史话"组：《秦汉时期的船舶》，《文物》1977年第4期。

文物编辑委员会编著：《文物考古工作三十年（1949—1979）》，文物出版社，1979年。

吴壮达：《〈水经注〉的"水坈陵"问题》，《华南师院学报自然科学版》1980年第2期。

戴开元：《"广州秦汉造船工场遗址"说质疑》，《武汉水运工程学院学报》1982年第1期。

吴壮达：《"秦汉造船工场"遗址问题》，《广州研究》1983年第2期。

中国社会科学院考古研究所编著：《新中国的考古发现和研究》，文物出版社，1984年。

龙庆忠：《广州南越王台遗址研究》，《羊城今古》1990年第6期。

文物编辑委员会编著：《文物考古工作十年（1979—1989）》，文物出版社，1991年。

邱立诚：《广东秦汉时期建筑遗址初探》，《东南文化》1993年第1期。

安志敏：《古代华南的干栏式建筑》，《南中国及邻近地区古文化研究——庆祝郑德坤教授从事学术活动六十周年论文集》，香港中文大学出版社，1994年。

杨豪：《广州"造船工场"实为建筑遗存》，《南方文物》1997年第3期。

文物出版社编著：《新中国考古五十年》，文物出版社，1999年。

广州市文化局编：《广州秦汉考古三大发现》，广州出版社，1999年。

杨鸿勋：《南越王宫殿辨——与"船台说"商榷》，《中国文物报》2000年4月26日、5月6日。

广州市文物考古研究所编：《广州文物考古集·广州秦造船遗址论稿专辑》，广州出版社，2001年。

《"广州秦代造船工场遗址真伪研讨会"纪要》，《学术研究》2001年第7期。

广东省立中山图书馆编：《"广州秦代造船遗址"学术争鸣集》，中国建筑工业出版社，2002年。

席龙飞：《中国传统船舶研究现状（1962—2008年）》，《中国科技史杂志》2009年第3期。

席龙飞：《从陕西"周老虎"想到广州"麦船台"——评麦英豪的"广州秦汉考古三大发现"》，《热带地理》2009年第1期。

中国社会科学院考古研究所编著：《中国考古学·秦汉卷》，中国社会科学出版社，2010年。

武威铜奔马的时代与命名之争

1969年在河西走廊上发现的这尊铜奔马，属国宝级文物，于1983年被确定为中国旅游标志，2002年被确定为首批禁止出国（境）展览的珍贵文物。但围绕它的身世，从一开始就聚讼纷纭，直至今日，可谓"剪不断，理还乱"。

农民挖出"车马仪仗队"

1969年9月，地处河西走廊的甘肃省武威县（现武威市）的当地农民，在城北一座被称为"雷台"的土台下挖掘战略防空地道时，发现了一座古代大型砖室墓。

"雷台"，实际上是一座人工夯筑的土台。台上有晚近的道教建筑"雷台观"，清代《武威县志》上有"雷台，城北二里"的记载。考古人员经调查，推断雷台的台基应建于明代；汉墓发现于雷台东南部的台基下，这里暴露出汉墓的封土，可知后代的雷台台基是利用这座汉墓的封土扩建而成的。（甘肃省博物馆 1974）

挖破古墓的村民们还没有文物保护的概念，最初萌生了卖掉文物换钱买马搞生产的念头，于是先把大部分器物胡乱搬到村里的生产队库房，现场遭到破坏，一片狼藉。发现墓葬的消息通过当时的公社报给了武威县革命委员会，村民搬出的器物

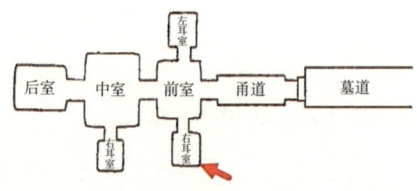

雷台墓平、剖面图，箭头为农民挖破处（甘肃省博物馆：《武威雷台汉墓》）

随后被转移到文庙收藏保管，县里又向省里作了电话汇报。最终，甘肃省博物馆派员会同县文化馆一同进行了补充清理、记录和调查工作，文物则被调拨到了兰州的省博物馆，在那里进行修复、整理等保护工作。

这是一座带有墓道和多个墓室的砖砌墓，全长40多米，墓室长近20米，面积有60多平方米。墓室分前、中、后三室，前室附左右耳室、中室附右耳室，结构较为复杂。

此墓虽在古代经两次盗掘，但遗物仍很丰富，约有230余件，其中绝大部分为铜器，少数为陶器、金器、漆器、玉器、铁器和银印等。此外还有2万余枚铜币，即所谓"铜钱铺地"。其中成组的铜车马组成的仪仗俑队，为以往发掘中所罕见。经向当事村民调查以及事后的清理，葬具和随葬器物的位置得以大致复原。

由车、马、人俑组合而成的武装出行队列放置在前室和前室南耳室内，场面壮观，气势宏伟。根据复原，排在铜车马仪仗队最前面的是17件手持矛、戟等兵器的武士俑及其坐骑。马皆仰首翘尾作嘶鸣状,四足挺立,矫健有力。排列在骑马武士俑后面的是1匹主骑和4匹从骑。主骑马体形最大,应为墓主人的坐骑。从骑马体形与武士的坐骑相似,侧首昂视,一足提起,做奔腾欲驰状。4骑前后并列,当为主人下属官吏的从骑。排在后面的另一组是斧车和辎车。斧车上装有大斧,列于最前,以为先导。4辆辎车均有华盖,中间的一辆华盖最大,当为墓主人所乘的"安车";其余3辆应为下属高级官员所乘的"属车"。又有御奴5人、从婢2人。许多铜器上刻有"张氏奴"等文字。在辎车后面是3组不同职位的军官及其夫人的乘骑车马。最后是3辆大车和1辆牛车,当为载粮辎车(古代一种有帷盖的大车)。

  铜车马仪仗队的俑、车、马均用范模铸造,先分铸不同部位,然后焊接或铆连。其设计内容繁多,铸造结构复杂,造型生动传神,雕塑技术水平极高。

雷台墓出土的铜车马仪仗队(甘肃省博物馆)

铜车马仪仗队中的轺车（甘肃省博物馆）
这是古代用一匹马牵引的轻便车，或指奉使者和朝廷急命宣召者所乘的车。

至于墓葬的年代，1972年发表的简报推定为东汉晚期；1974年发表的正式发掘报告依铜马上的刻文、墓葬形制，尤其是墓中随葬的大量流行于东汉晚期的"五铢"钱，将这座墓的下葬年代推定为东汉灵帝中平三年至献帝期间，即186—219年（甘博文　1972；甘肃省博物馆　1974）。

　　墓中出土的39件铜马中，有8件马胸前刻有铭文，其中刻记了3个不同职位的"张君"。发掘者根据墓中随葬的4枚龟钮银印以及墓制等方面推测，此墓似应为比二千石的张姓将军夫妻合葬墓；而3组有铭文的铜车马等，则可能是墓"主人"属下的3位张君赗赠的随葬物。

铜奔马惊艳海内外

　　最令人称绝的，是墓中出土的一匹铜奔马。铜马高34.5厘米，身长45厘米。简报描述道："奔马。亦可称之为飞马。此马为一罕见的古代艺术品，造型异常矫健精美，做昂首嘶鸣、飞跃奔驰状。头微左扬，长尾飘举，三足腾空，右后足蹄踏一飞燕，飞燕展翅回首，注目惊视。"（甘博文　1972）发掘报告对于"飞燕"的提法则为"右后足踏一飞鸟，飞鸟两眼似鹰，展翅回首"。（甘肃省博物馆　1974）已开始有解读上的不同。

　　文物专家对这一杰作不吝溢美之词：

　　　　作者刻意将马的两条前腿置于一前一后，有力地跨越在飞鸟之前，左后腿直挺在马身之后，右后腿马蹄轻轻触及鸟背,使飞鸟回首惊望,自叹不如。通过奔马与飞鸟速度之强烈对比,衬托出奔马的神速。这极富想象力和独创性的构思,赋予奔马以旺盛的生命力。作品整体构思巧妙,细部构造恰到好处,各部位大小比例适当,位置准确,整体造型优美无比。马的躯体壮实,颈部如鹤颈卓立,给人以稳定之感;马张嘴嘶鸣,尾巴上扬,四条腿又作飞奔状,给人以动感。整个造型设计奇绝,表现了作者高深的艺术造诣,是不可多得的千古佳作。

铜奔马的创造,极巧妙地解决了支撑点、重心、平衡、抗阻力等科技问题。用一只展开双翅,有着长宽尾巴的飞鸟

铜奔马(甘肃省博物馆)

作为马蹄的支撑点，使马的着地面积扩大，站立不倒。同时，飞鸟又位于马腹下前部，马蹄在鸟背上，恰是奔马的重心所在，增加了稳定程度。马的前右腿和后左腿向前后伸直，另外两腿则同时向腹底收缩，以保持躯体平衡。另外，马的躯体溜圆，可减轻风的阻力，给人以飞速奔跑的感觉。在制作工艺上，模铸与焊接相结合，技术精湛。（黎李 2015）

细细观摩，知所言不虚。

1971年9月，时任全国人大常委会副委员长、中国科学院院长的郭沫若偕夫人于立群，在陪同柬埔寨宾努亲王一行访问兰州时，参观了甘肃省博物馆的馆藏文物。陪同郭沫若等参观的是国家文物局下放到甘肃的文物专家、甘肃省原文化局文物科科长王毅。据甘肃省博物馆原馆长初世宾回忆，是王毅最早将铜奔马称为"马踏飞燕"。当时，初世宾让手下墨书"马踏飞燕"四字，放置于展台上，十分醒目。郭老那天由秘书陪同到馆，由王毅全程讲解。王毅强调了"马踏飞燕"一足踏鸟、三足腾空的力学平衡。郭老对铜奔马赞不绝口，对这一称呼予以首肯，说回京要邀请铜奔马等甘肃文物参加"全国'文化大革命'期间出土文物展览"。在故宫武英殿，他曾对筹展者夸赞"甘肃马踏飞燕来了要压倒一切！"后来，坊间流传"马踏飞燕"一名是郭老所起，并非事实。

铜奔马在京展出后，在国内外引起了强烈的反响。1973年，在郭沫若等的协调下，铜奔马又中途入选中国对外交流大型历史文物展览，至1975年，铜奔马作为国宝级文物，先后到法国、英国、日本、罗马尼亚、奥地利、南斯拉夫、瑞典、墨西哥、加拿大、荷兰、比利时、美国共12个国家巡回展出,观众达500多万人次,被誉为"一颗引人注目的明星""绝世珍宝""天才的中国马""艺术作品的最高峰"。郭沫若为此挥毫泼墨,写下了"四海盛赞铜奔马,人人争说金缕衣"的诗句。

1973年,"铜奔马"入选邮票《文化大革命期间出土文物》;1997年发行的《中国旅游年》纪念邮票,也以铜奔马为主图,并让它飞腾于长城之上,寓意深刻。1996年联合国发行一套6枚邮票,其中也有铜奔马,向全世界展示了中国悠久的文化艺术。

1974年中华人民共和国出土文物展览期间发布的铜奔马中英友好纪念铜章

联合国发行的铜奔马邮票

2002年，国家邮政局又发行了以"铜奔马"为图案的普通邮资片1枚。像这样多次入选邮票选题，在我国邮票史上还不多见。

1983年，国家旅游局将铜奔马作为中国的旅游标志。

1996年，国家文物局文物鉴定小组确认铜奔马为国家一级文物。

2000年，铜奔马被编入小学语文课本和中学历史课本。

2002年，铜奔马被确定为首批禁止出国展览的国宝之一。

究竟是哪朝何人之墓？

除发掘报告最早提出的"东汉晚期说"外，关于雷台墓的下葬时间也即朝代归属，大致可归纳为汉魏、西晋、前凉和东汉早期数种。在时代认知框架下，还有对墓主人身份的种种推测。关于铜奔马设计者甚至墓主人系东汉早期武威太守张江的说法，与文献记载及考古发掘的情况不符，属穿凿附会之论（张永明等 1995），兹不赘述。

东汉晚期至曹魏说

西北大学历史系教授陈直，是最先讨论雷台墓主人身份和时代的学者。针对发掘报告关于铜马刻铭中三位不同职位的"张君"或为墓主人三位属下的推测，他认为墓主人就是张君，为汉阳冀县（今天水市）人，"官武威郡张掖县长，升任武威郡左骑千人官，很为明显"。至于四枚龟钮银印，陈直虽指出"两汉公卿将军所用印章，名为金印、银印，实则皆为涂金涂银，用纯金银

铜马刻铭

铭文：守张掖长张君后夫人輂车马，将车奴一人，从婢二人。

者极为少见。此印皆为纯银质，且有四方之多，尤属少见"，而"两汉以来一般不用真官印随葬"，且"两汉制度，县令长不能带将军名号，与墓主人张君之身份不合"，最终结论则是"张君随葬四将军之银印，或为其先世之官职"，随葬于后世的张君墓中。他仍同意发掘简报的意见，认为墓葬的相对年代当在东汉献帝时期（陈直 1972）。

黄展岳大致认同陈直关于墓主人即为张君的意见，他对发掘报告编写者的意见进行了质疑："如果把它（宏按：指铜马）说成'可能是墓主人属下的三位张君赗赠的随葬品'，则不免有强作解人之感。汉人确有赗赠葬物的风俗，但赗赠的数量一般总不能超过墓主自备的数量吧；把自己的两个老婆以及自己的儿子的名字一齐刻到赗品上，更是旷古未闻！"他认为"墓中发现的入葬者至少有四个人，即张君及其前夫人、后夫人和他们的儿子阿郍。"（黄展岳 1979）

关于墓主人的身份，初世宾、张朋川在认同发掘报告编写者观点的基础上，又补述了几点理由，认为"墓主人还应具备以下条件，即其籍贯或封地在武威郡内，大约死于灵帝中平三年至曹魏黄初年间，生前曾历任三次将军、一次二千石职（汉代官秩，又为郡守的通称），且其中必有一次为破羌将军"，墓主人应属二千石以上秩别的张姓高级官吏，为曹操手下名将张绣的可能性比较大（初世宾等 1982）。

西晋至前凉时代说

1984年，又有学者提出雷台出土的铜马应是东汉天马铜俑的副本，很可能是前凉时期遗物的观点，但未展开论述。

1992年，甘肃省博物馆研究员何双全基于多年来在河西发掘汉晋墓的感悟，提出了河西地区汉墓、晋墓和前凉墓的一般断代标准，进而认为无论雷台墓的规模、结构、形制，还是细微处如筑墓法和室内装饰等，乃至若干随葬品都与河西地区的晋墓一脉相承。而铜俑、铜马等另一些随葬品则与武威地区前凉初期墓中同类器的造型与着彩基本一致。所出钱币则与嘉峪关、酒泉晋墓出土者相同。因而，雷台墓的相对年代应在晋末至前凉初，即晋愍帝建兴元年（313年）以后（何双全 1992）。这个方案比发掘者推定的"东汉灵帝中平三年至献帝期间（186—219年）"推迟了百年左右。作为当地实力派考古学家，何双全断代新观点的提出是极具分量的。

有学者注意到，以牛车为中心的牛车仪仗俑群，是魏晋南北朝时期墓葬所特有的现象。武威雷台墓中的牛车一定是墓主人身份地位的象征,它对整个墓葬的断代提供着重要的信息。"正因为该牛车的存在,所以该墓不可能是汉代的墓葬。"(谢晓燕 2010)

北京大学吴荣曾教授从钱币学角度得出了和何双全研究员类似的结论。发掘报告将此墓的年代定为东汉末年,主要依据的是墓中出土了汉灵帝时的"四出五铢"。吴认为此论不妥,因为四出五铢的通行期限不限于"东汉灵帝中平三年至献帝期间",实际上在以后很长时间都一直可以使用。可以确认墓葬年代的,是墓中出土的另一种更晚的钱币——直径为1.6厘米的小型"五朱"(东汉五铢的直径在2.5厘米上下)。而"五朱出现于三国早期,如直径在1.5厘米左右的,其年代似更晚一些。这种钱在魏晋的窖藏钱币中很常见"。出土小五朱的墓,年代都在西晋,约在290年左右。"同样出小五朱的雷台墓,其年代也应靠近西晋为合适。"(吴荣曾 2002)中国国家博物馆孙机研究员也由于小五朱是"一种绝对不见于东汉的断代标志物",而认可吴荣曾的推断,认为"雷台汉墓"应改定为雷台晋墓,而铜奔

四出五铢
钱币背面方孔四角铸有四道连接外缘的斜纹,如四路而出,故名"四出五铢"。

小五朱
与五铢钱相比,"朱"字缺金字偏旁。

武威雷台景区（武威市旅游局网站图）
2018年，武威市确立了文化旅游形象主题宣传语——"天马行空，自在武威"。

马的时代应改定为西晋（孙机 2003）。有学者甚至认为既然有如此铁证，"这件稀世珍宝铜奔马不是汉代文物，而是西晋文物遂成定论"（曹定云 2004）。

早在1985年，学者辛敏即推定雷台墓属于西晋之后前凉时期的墓葬。通过梳理，他注意到从东汉末直至西晋永宁初，在凉州州郡任过职的要员中，没有地位非常显赫的"张姓高级官吏"，没有人能配得上这座"王者之墓"，故应另辟蹊径。他进而推定雷台墓很可能是前凉国第四任国王张骏之墓（辛敏 1985）。此后有学者进一步论证，认为此墓的营建规模及众多的随葬陈设，绝非相当于县级的比三四百石的官吏所能拥有，雷台汉墓实为前凉王陵（鲁鱼 2019）。

但学术界的认识远未统一。尽管随后维持"东汉晚期"原判的论证大多缺乏说服力，但地方政府与旅游部门因汉代为中国古代的强盛时期，定铜奔马为汉代更富于民族精神层面的象征意义，而难以接受晚于汉代的断代意见。

马、鸟的身世与定名

铜奔马在故宫展览时使用的名称是"马踏飞燕"。1972年出版的《"文化大革命"期间出土文物》一书，收录了署名甘叔勃的文章《雷台东汉墓出土的成组铜车马》，文中也使用了"马踏飞燕"这一名称。这个"甘叔勃"应是甘肃省博物馆执笔人的笔名。不能突出个人，说来也是颇具那个时代的色彩的。显然，"马踏飞燕"更符合公众的口味。但从当时《人民日报》等媒体对中国文物出国展览的报道看，无论我国官方对外宣传还是外国公众的接受度，都是倾向于"铜奔马"（Bronze Galloping Horse）的。

据初世宾回忆，考虑到文物的品级极其重要，赴京参展又代表国家声誉，由他做主在送京档案名称栏中将"马踏飞燕"改作了"铜奔马"。在不知文物的原名、真名时，文物、考古学一般按学科规范习俗给予定名，即简明地按其质地（铜）、形态（奔）、性质用途（马）等要素给予概括。自北京展览时起，在文物界开始使用"铜奔马"一名，大家虽然仍有分歧，但毕竟这是一个偏于客观的描述，而不是似是而非的名称，众人尚能接受。"马踏飞燕"一名虽依然流行，但"铜奔马"一名也为国内国际所承认、尊重并使用开来。

铜奔马下之鸟与燕子、鹰隼

总括起来,对铜奔马的阐释可大体概括为两种说法,一种认为是汉代现实生活中良马形象的反映,以"天马—良马"说为代表;另一种认为是神话传说和想象中神马或马神的反映,以"天马—神马""马神—天驷"说为代表。

由于工作之便,初世宾在造册建档撰写相关资料时曾仔细观察过铜奔马,他感觉"马踏飞燕"虽相当形象生动,叫起来也朗朗上口,但尚欠准确、科学。该马后蹄所踏明显不是燕,而是鹰隼一类(民间俗称鸟鹰),尾不分叉,大眼圆睛,头颈灵活可反顾180度,双翼收缩耸肩(这是鹞鹰击物时的典型形态)。翼端剑状长羽,尤其尾端有一未透的小圆孔,发掘报告认为应系固定于某器托的装置,其实这是猎鹰尾、足常常系铃、绦索的一种表示,马足所踏应是一只猎鹰。至于骏马,原出土时身上有鞍鞯缰络痕迹,跑姿是驯马学中著名的、人工培育出的"对侧步",即同侧双足同时交替快速迈进,有轻盈、平稳、持久的特点,青藏、蒙古、阿尔泰草原统称"走马"。将马和鹰隼联合融糅一起的文学描写,唐诗汉赋中多有脍炙人口的佳句。

1973—1974年,国家文物局组织"文革"以来中国出土文物首赴欧洲展览,甘肃博物馆派初世宾去故宫武英殿为甘肃铜奔马等著名文物撰写资料,他提供的文字将马足所踏之物称作"鹰隼""猎鹰",负责组织介绍宣传材料的北京大学宿白教授同意其观点。1974年发掘报告中改"飞燕"为"两眼似鹰"的"飞鸟",应是采纳了初世宾的观点。1996年,国家文物局组织文物鉴定委员会专家组赴甘肃鉴定确认一级文物,也没有对"铜奔马"的名称提出异议。

动物考古学家周本雄认可铜奔马蹄下的飞鸟不是燕子,且把上述猛禽类"鹰隼"的范围缩小到了"隼"。至于铜奔马本身,他认为应是阿拉伯马系的"大宛马""汗血马"之类外来马或改良的表现,也即汉武帝时期所谓的"天马",而非先秦至秦代东亚当地的蒙古马(周本雄 1988)。据已故中国农科院兰州畜牧所养马专家、山丹军马培育者崔堉溪教授研究,铜奔马之形体兼有西域马和蒙古马种特征,乃汉武帝以来引进西域良种杂交改良之结果。今天甘肃天祝、山丹一带的走马,马驹出生就会走"对侧步",这属于蒙古马系的一种优良遗传基因(崔堉溪 1999)。

故宫博物院顾铁符认为,雷台铜奔马和古代《相马经》所要求的,可以说处处合辙。因此这匹奔马应是《相马经》的形象化,无疑是一件相马用的铜马式(铜铸而成的骏马的标准式样)。针对关于雷台铜奔马反映马的种属的种种推测,他认为马式的马从来就不代表某一马种,而是具备了所有马种中良马的共同标准。雷台奔马既然是马式,倘使想要辨别它是某一马种,是得不到任何结果的。至于奔马足下之鸟,他援引奔马出土后三年,湖南长沙马王堆三号墓中出土的西汉初年《相马经》帛书,认为应表现的是帛书中的"袭乌","袭"即"及",与"逮"字意思相近,也就是说那匹马的速度,可以追得上飞翔的乌鸦(顾铁符 1982)。

1973年，敦煌学专家常书鸿在《光明日报》上撰文，认为雷台铜马应为汉代文献中的"天马"，惜未展开论述。据说当初甘肃省博物馆的专家在编写发掘报告时，也曾联想到天马。但当时正值"文革"期间，宣扬"天马"就是"封资修"的黑货；"批林批孔"运动中又披露林彪曾书写过"天马行空，独往独来"的条幅。鉴于当时的政治气候，编写者没敢提天马这个说法。现在说起来也令人哑然失笑。

1983年，兰州大学牛龙菲在全国敦煌学术讨论会上，提出铜奔马应为"天马龙雀"，可称为"马超龙雀"。他的主张来自张衡《东京赋》之"龙雀蟠蜿，天马半汉"（李善《文选注》释其言："龙雀，飞廉也。天马，铜马也。"），龙雀蜿蜒太空，神马遨游云汉，牛龙菲认为天马指西域宝马，该马足下物应为飞廉（又称风神），"马超龙雀"，寓意神马快过风神（牛龙菲 1984）。但有学者指出，据汉末学者注释，飞廉龙身豹尾，双翼似足，兼有龙蛇、鸟雀之形，与铜奔马完全不类。或认为铜奔马并非"天马"，应当命名为"马神—天驷"（伍德煦等 1984），其所踏为飞鸟。曹定云认为应命名为"天马逮乌"，其中的"乌"是太阳的代称，"天马"则显然是天上之神马（曹定云 2004）。尽管对飞鸟阐释不同，但上述诸说都认为铜奔马是非写实的，与汉代现实生活中的马（河西当地、西域、大宛等良马）无关。

张永明等不同意上述认识，认为雷台铜奔马系写实的"天马"，它更接近马援《铜马相法》（见《后汉书·马援列传》注）中良马的标准，应是"以东汉武威现实生活中的改良天马为模特儿塑造出来的"；而其蹄下之鸟，仍以飞燕为是（张永明等 1987）。胡平生等学者也认可铜奔马是相马法式的观点。

有学者注意到南朝沈约诗"紫燕光陆离"、梁简文帝诗"紫燕跃武，赤兔越空"以及李善注谢灵运诗所谓"文帝自代还，有良马九匹，一名飞燕骝"等资料，认为武威铜马足下的飞燕无疑是用来比喻良马之神速，所以"铜马应直截了当取名为'紫燕骝'或'飞燕骝'。三字之名恰合古意，最为雅训贴切"（张崇宁 1999）。王子今则认为"从武威雷台铜马的造型看，现在还很难以某种古代文献所见名马的名字为其定名……而且实际上，制作者的原意也未必是具体象征某一匹马"。他认为铜奔马仍应称为"天马"，是对汉武帝追求的西方良马及其反映的时代精神的写照（王子今 2001）。

河西地区，自秦代起经西汉，一直到东汉中叶的300年里，历来是养马的重点地区。武威原是武威郡治所在地，从东汉到曹魏更递为凉州刺史治所，一直是西北重镇之一。有外来的铜马式流散至此或本地复制马式，或摹写西域与本地引进良马，都是很自然的事。

目前，"铜奔马"是文物界和学术界广泛使用的名称。这个名称虽短，但包含了质地、特征、器形信息，符合文物定名规范。最早提出"铜奔马"定名的初世宾同时也意识到，该名称虽基本符合文物本身特点与定名规范，但稍欠确切。首先因为"奔"字今天易被误解为"狂奔"，而古代"奔""走"二字意义相近，都是快步急驰的意思。此外，"铜奔马"的定名，也未能涵盖对飞鸟含义的阐释，不能不说是个遗憾。这是在无法确知其名的情况下按文物学约定俗成的规范暂定其名。"铜奔马"的命名已使用多年,并被国内国际认可和接受,该文物是享誉世界的明星级文物,其名称不宜轻易改动。但同时,文物的真正名称,除非记载有原名,否则皆属后人研究、推测或命名,作为学术问题可以切磋商榷。现有定名不影响社会各界对文物的研究探讨,社会各方均可参与研究、各抒己见,这样既可以为收藏单位准确命名提供有价值的参考,也有利于深入挖掘揭示文物的价值内涵。

遗憾的是,在对于雷台墓和铜奔马的基础研究都相对缺位的情况下,过分解读和臆想其内涵,并无益于研究的深化。譬如,连墓葬的年代都未正式确定,单凭铜奔马蹄下那只飞鸟的模糊外形,怎么能判断它到底是燕、雀还是乌、隼呢?怎么能知道它是被"踩""踏",还是被"逮""超"呢?不放到其所处的时代中去探寻,是无法还原其本来面目的。

参考文献:

甘博文:《甘肃武威雷台东汉墓清理简报》,《文物》1972年第2期。

陈直:《出土文物丛考》,《文物》1972年第6期。

甘叔勃:《雷台东汉墓出土的成组铜车马》,《文化大革命期间出土文物》,人民出版社,1972年。

甘肃省博物馆:《武威雷台汉墓》,《考古学报》1974年第2期。

黄展岳:《关于武威雷台汉墓的墓主问题》,《考古》1979年第6期。

初世宾、张朋川:《雷台东汉墓的车马组合和墓主人初探》,

《考古与文物》1982年第2期。

顾铁符：《奔马·"袭乌"·马式——试论武威奔马的科学价值》，《考古与文物》1982年第2期。

牛龙菲：《说武威雷台出土之铜铸"天马"》，《敦煌学辑刊》1984年第1期。

伍德煦、陈守忠：《武威雷台汉墓出土铜奔马命名商榷》，《西北师范大学学报（社会科学版）》1984年第3期。

辛敏：《武威雷台墓主人再探》，《兰州学刊》1985年第6期。

张永明、张东辉：《武威雷台东汉铜马命名问题探讨——兼与伍德煦、陈守忠、牛龙菲等同志商榷》，《考古》1987年第4期。

周本雄：《武威雷台东汉铜奔马三题》，《考古》1988年第5期。

何双全：《武威雷台汉墓年代商榷》，《中国文物报》1992年8月9日。

张永明、张东辉：《武威雷台汉墓及铜奔马与张江无关》，《甘肃社会科学》1995年第5期。

崔堉溪：《甘肃河西古代养马史和汉墓铜奔马模型的考证》，《陇右文博》1999年第2期。

张崇宁：《铜奔马正名》，《文物季刊》1999年第2期。

王子今：《武威雷台铜马"紫燕骝"说商榷》，《光明日报》2001年8月14日。

吴荣曾：《"五朱"和汉晋墓葬断代》，《中国历史文物》2002年第6期。

孙机：《武威出土的铜奔马不是汉代文物》，《光明日报》2003年4月29日。

曹定云：《武威雷台奔马铜雕应是"天马逮乌"》，《考古与文物》2004年第4期。

谢晓燕：《武威雷台墓车马队列中牛车的位置及墓葬断代》，《四川文物》2010年第4期。

黎李：《铜奔马及铜车马仪仗俑队》，《文物天地》2015年第4期。

初世宾：《也说说铜奔马的名称》，《中国文物报》2018年6月19日。

鲁鱼：《雷台汉墓实为前凉王陵》，《中国社会科学报》2019年10月29日。

西晋周处墓铝片的身世之谜

周处，因除三害的传说而在中国家喻户晓，成为浪子回头金不换的典范。但一般人恐怕还不知道他的墓在60多年前即被发现。而更为离奇的，是这墓中出土的小小铝片有"穿越"之嫌。从轰动，到探询质疑，从讨论一度归于沉寂，到近年的旧事重提，半个多世纪的学术悬案，至今仍扑朔迷离。

周处，在中国可谓大名鼎鼎的人物。这主要还不是因他作为三国孙吴和西晋时的名将身份，而是戏曲和教科书中"除三害"的传说使其家喻户晓。据说，周处年轻时"不修细行，纵情肆欲"（《晋书·周处列传》），曾为祸乡里，与南山猛虎、长桥蛟龙并称为"三害"。后来改过自新，杀蛟龙、除虎患，又建功立业，官至将军，成为浪子回头金不换的典范。

他又一次进入当代人的视野，是在他死后1600多年的1950年代，其墓葬被考古学家发现并发掘。按说名人墓的发现并不是太稀罕的事儿，古代中国留下了丰富的文献资源，只要墓中发现当时的文字材料，又与传世文献的记载相契合，就可以"对号入座"，甚至板上钉钉。离奇而惹争议的，是周处墓中出土的一种金属制品的"身世"。

话说1952年12月，江苏宜兴县城内的精一中学，在挑土平整

宜兴市内的周处塑像

操场时，在一个小土丘上掘破了一座砖室墓的墓顶。先是公安人员进入墓室取出若干遗物，随后又封上墓室，然后才有文物管理部门初步调查。1953年春季，专业机构华东文物工作队派员对已发现的两座墓葬进行发掘（华东文物工作队 1953；罗宗真 1957）。

这个小土丘，当地人叫周墓墩，传为晋平西将军周处的墓地。土丘一角有"周王庙"，即周处祠堂。经发掘，其中被掘开的墓（编为1号墓）中发现刻有文字的青砖，上书"元康七

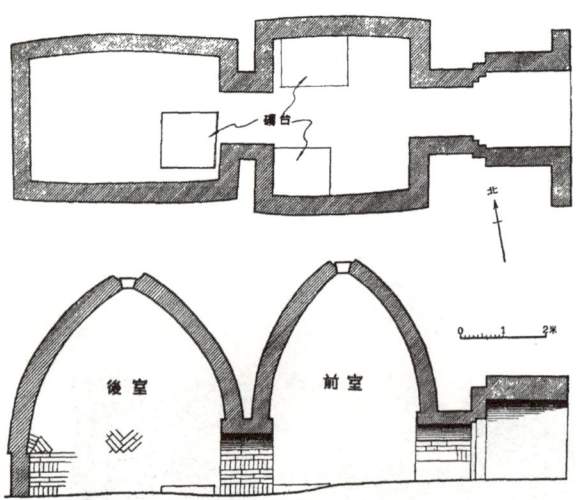

周处墓平、剖面图（罗宗真：《江苏宜兴晋墓发掘报告——兼论出土的青瓷器》）

1号墓砖及文字拓片

拓片右：元康七年九月廿日阳羡所作周前将军砖

拓片左：议曹朱选将功吏杨春工杨普作

周处家族墓出土的青瓷尊和青瓷熏炉

年九月廿日阳羡所作周前将军砖"等字样。清代《宜兴县志》记载周处葬于此,而周处正是西晋元康七年(297年)战死的,所以这墓为周处墓无疑。关于周处是否葬此有不同的说法,晚近传说多以讹传讹,为考古发现所证实的例子并不多见,所以周处墓的发现也算是考古界的一个佳话。

周处墓虽早年被盗掘过,但劫后余生,还是出土了不少遗物。其中的10余件带有镂孔花纹的金属带饰,尤引人注目。令人称奇的是,与其同出的某些金属残片经检测竟是铝质的,这大大超出了当时人的认知。而后就有了从轰动,到探询质疑,从讨论一度归于沉寂,到近年的旧事重提,半个多世纪的学术悬案,至今仍扑朔迷离。

由检测生出的疑问

负责周处墓清理发掘和报告编写工作的,是南京博物院的罗宗真先生。

1955年，罗宗真在整理考古报告过程中，把与该墓出土的17件金属带饰同出的残片中的一件，交南京大学化学系作了成分分析，得知内层为含铝约85%的铝铜合金。罗宗真在考古报告中写道："像这样含有大量铝的合金，在我们工作中还是初次发现，为我们研究晋代冶金术提出了新的资料。"当这一考古报告的原稿投寄到中国考古学的权威杂志、中国科学院考古研究所主办的《考古学报》时，时任该所所长、《考古学报》主编的夏鼐感觉兹事体大。作为民国时代的"海归"、具有国际学术视野的夏鼐知道，铝是一种难于冶炼的金属，到了19世纪才被冶炼出来。他在审核原稿校样时，怀疑这个铝字是否是"铅"字之误。他意识到问题的重大："实际上，这不仅是我们考古工作中初次发现，也是全世界初次听说有这样古老的以铝为主要成分的合金。"（夏鼐 1972）慎重起见，他专门去函询问，索取样品。1957年，罗宗真把一件残片寄给了夏鼐。夏鼐遂委托中国科学院应用物理研究所副所长陆学善作了光谱分析，确认残片内层的主要成分为铝（罗宗真 1957）。这一分析成果，被夏鼐安排附在周处墓发掘报告的最后，连同他自己的"跋语"，一同刊发于1957年第4期的《考古学报》上。夏鼐在跋语的第一条即提及这一鉴定结果，指出"这是化学史和冶金史中的新发现"，接着提出他的疑问："我们要问在当时是用什么方法提炼出这不易炼冶的金属达到85%的纯度？"

的确，铝在地球上虽含量丰富、分布甚广，但很难熔炼。到了1825年，丹麦化学家才首次还原出几毫克金属铝。1845年，德国化学家将氯化铝气体通过熔融的金属钾表面，得到一些细小的铝珠。1854年，法国化学家用钠还原络合盐，得到金属铝；同年建厂，制得铝质头盔、餐具和玩具。1855年，在巴黎世界博览会上，铝制品首次作为商品出现。1886年，美国化学家和法国化学家同时获得用水晶石—氧化铝熔盐电解制取金属铝的专利。1888年，美国建成第一家电解铝厂，铝的制取从此进入工业化阶段。

即便对缺乏专业知识的公众而言，大部分也都知道铝是最年轻的金属，是现代科学技术的产物。人们不敢想象金属铝会早至1000多年前的西晋时期即出现，学术界对这一发现更是重视有加。

随后，清华大学工程化学系杨根又从夏鼐手中取得一小块残片，经光谱定性分析知其含大量的铝及其他微量元素，金相鉴定为多种合金组织。1959年春，南京博物院又送了几件残片给杨根，经检测，其中一片的主要成分为铝，另两片的主要成分为银。杨根结合汉晋时期鼓风技术的改进和炼丹术、制钢术的兴盛，认为在晋代出现这一杰出成就是有可能的。"这是世界化学史和冶金史上的一次创获，是中国古代劳动人民的卓越成就。"（杨根　1959）

与此同时，1958年，东北工学院轻金属冶炼教研室的沈时英在读了发掘报告后颇感兴趣，向南京博物院索取检测标本。南京博物院两次寄来两件残片，经检测均为银基合金（沈时英　1962）。1959年4月，沈时英在中国历史博物馆观摩了墓葬中出土的全部带饰原品，判断杨根出示的夏鼐提供给他的标本残片外观与其他不同，遂又从杨根处取来半片残片。经光谱分析，确认其主要成分为铝，系含杂质较多的纯铝，而不是铝铜合金（沈时英　1962）。

这证明这批金属器包含两种合金，一种是银基的，另一种是

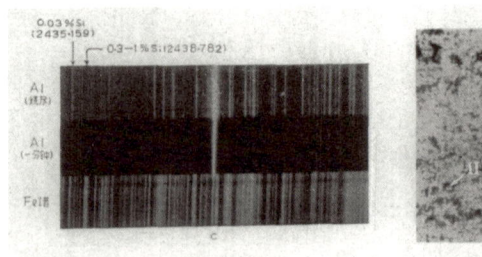

3. 光譜分析試片   4. 顯微鏡分析試片

周处墓出土带饰的光譜照片

沈时英文附分析图版（沈时英：《关于江苏宜兴西晋周处墓出土带饰成分问题》）

铝基的。夏鼐后来指出，问题的关键在于所分析的样品都是小块碎片，而全部17件较为完整的金属带饰，都没有经过分析以确定其质料（夏鼐 1972）。是的，由于出土文物属于不可再生的文化遗产，考古人提供检测标本时就比较"抠门"，一般不肯同意作有损分析，不得已的情况下也是给些细小的碎片等。罗宗真先生提及"当时我们希望尽量可能地保存原物的完整，总是拣最小、最残的块片送去分析，并没有损坏原件"（罗宗真 1963）。作为资深考古人，我是颇以为是的。显然，标本的局限性，也增大了问题的复杂性。

哪儿来的铝？

上述出土品的检测结果和论述，还仅限于国内的学术刊物，而后来的对外展出及其提法，则引起了更大范围的社会关注和学者的质疑。1959年10月，在庆祝新中国成立10周年之际，中国历史博物馆的前身北京历史博物馆"中国通史陈列"公开预展，由古代冶金陈列小组（负责人为杨根）推荐，公开展出了周处墓所出全部带饰。南京博物院也曾展出过该墓出土的带饰，两个单位都在展品标签上明确标示这些带饰系铝制品（夏鼐 1972）。这一定性，迅速在国际学术界和公众中引起了轰动。

据统计，截至1963年，国内发表的相关科普文章至少有6篇，分别刊发于《科学大众》《沈阳晚报》《中国青年报》《我们爱科学》《十万个为什么》《新民晚报》等书刊。这些文章大多依从杨根的论断，肯定西晋时期已掌握了炼铝技术。

1962年，沈时英发表《关于江苏宜兴西晋周处墓出土带饰成分问题》一文，在公布其对银质和铝质残片检测结果的基础上，作了较细致的讨论（沈时英 1962）。他指出，在我国晋代产生银基合金，是不足为奇的，因为我国早在公元前就已经能够炼出金属银了。但其中测过多次的一片残片，是含杂质较多的纯铝，"还难以证明它确为古代金属"。鉴于国内外火法炼铝的各种试验都未能获得高铝合金，更难以得到纯铝，用钠来还原氧化铝或其他铝盐的设想，也很难成立。

针对发掘报告肯定这些标本均为周处墓当时的遗物，以及杨根的支持意见，沈时英指出："这与其从推断古人'可能无意中得到'，还不如从一号墓被盗过几次这一事实出发更现实一些。当然，这也只是一个怀疑。"

据此，他强调"关于晋代是否有铝带饰（纯铝的）问题，还应该作深入研究，下肯定性结论，似嫌为时过早"，"不能把由周处墓出土的带饰大部分当作是铝制的，而更多的可能倒是银制的"，"对于已确定为铝的一小片金属，应该从多方面（考古的、冶金史的与冶金的）进行鉴定，以便对于它是否为晋代所有作出判断"。他进而指出，应"对展出的展品作必要的分析，使说明与实物更好地相符起来"。这是首次正面提出周处墓曾被盗掘，铝片或为后世混入物的可能性。

1963年，发掘主持人罗宗真发表文章回应沈时英的存疑，指出金属带饰（包括若干残片）出自人骨架的中部，正是腰带饰件所在，且大部分位于淤土之下，并未被扰乱，因此"这项带饰肯定是该墓的遗物"，"是晋代的遗物，而不是后来盗掘时带进去的"。他还说明，"分析是铝的带饰，应该至少是不同的三块残片"（罗宗真 1963）。据《夏鼐日记》记述，夏鼐在1962年9月17日曾"为《考古》审阅稿子（罗宗真：《关于晋代古铝问题》）"（夏鼐 2011），应该就是这篇。

针对罗宗真的陈述，沈时英在同年又发表《再谈"晋墓带饰"问题》一文，对铝质残片是否为带饰的一部分提出异议，并再次希望对带饰作全面的鉴定。

沈文态度客观，立论严谨；而罗文在坚持己见的同时，也肯定了沈时英认真对待分析鉴定工作，订正其中的部分错误，提出下一步研究路向，赞同其对待科学研究的审慎态度。可以说，当时健康的学术讨论氛围是值得称道的。

据沈时英统计，截至1963年，国外已有多篇关于周处墓铝质残片的报道和文章发表，分别出自瑞典、英国、法国和苏联学者。这些报道和评述，除转述或转译杨根的文章外，有的认为中国古代使用水力鼓风能得到很高温度，有可能用火法直接还原铝矿物；有的则从各个角度提出有待廓清的问题，认为须更认真和充分地对实物作研究,才能较为肯定地说明晋代炼取金属铝(或铝铜合金)的可能性。

另据统计,截至1974年,国内外提到铝质残片的报道和论著,还有张子高《中国化学史稿(古代之部)》(科学出版社,1964年)、袁翰青《近年来中国化学史研究工作的进展》(《化学通报》1964年第1期)、英国学者李约瑟《中国科学技术史》第五卷第二分册(1974年)、叶永烈《化学元素漫话》(1974年)以及他发表在各类报刊上的近10篇科普文章。显然,科普工作者已将西晋用铝问题当作确定无疑的事实加以广泛传播。

重新鉴定与夏鼐的再发言

如前所述,周处墓中出土的17件较完整而成形的金属带饰,并未经过科学检测。显然,这些金属带饰究竟是否如先前所判定和展示的为铝质器件,必须予以鉴定。为此,夏鼐于1964年协调将南京博物院留存的2件和1959年调拨到中国历史博物馆的14件带饰(另有1件途中破损,无法与其他残片分别开来)提交中国科学院物理研究所,作了无损或极小分量取样检测。经密度测定、光谱和X射线物相分析,确认全部带饰为含有杂质的同一种金属,是银而不是铝。

1972年,夏鼐发表《晋周处墓出土的金属带饰的重新鉴定》一文,公布了上述鉴定结果(夏鼐 1972)。至此,可知这16件较完整的带饰都是银的,另有少数小块金属片,有银的也有铝的;前者是银带饰的残片,后者细小而不成形,无法知其原形。

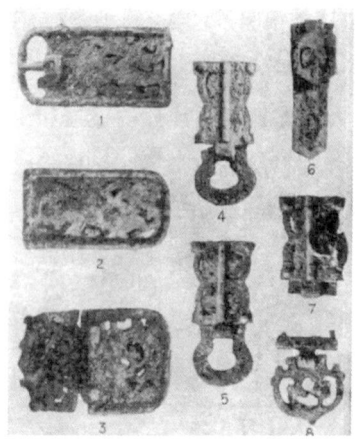

周处墓出土的金属带饰（夏鼐：《晋周处墓出土的金属带饰的重新鉴定》）

根据文献考证及与广州、洛阳所出东晋、西晋同类实物相比对，确认银带饰为3世纪的遗物，无疑属晋元康七年（297年）埋葬周处时的随葬品。

至于小块铝质残片的年代，夏鼐认为"这是一个难以解决的问题"。众所周知，夏鼐素来以严谨著称，他的分析也丝丝入扣："在小块铝片不能确认为晋墓随葬物的情况下，如果它只不过是不辨器形的小块，而且只是两三小片（甚至于可能原来只是一片）的时候，它是后世混入物的可能性便更大了。"他指出，该墓曾有发生于元代和清代的至少两次盗掘。依发掘报告，1952年考古工作者正式发掘一号墓之前，"曾有些人进去过，还取出一部分文物，所以在墓内有明显的扰乱痕迹"；又引述罗宗真后来的文章中所称清理时"取出的一些小块残片，是从淤土中尽可能拣出来的"一语（罗宗真 1963），指出"这样一来，便不能保证小块铝片一定不是后世的混入物了"。文章还以埃及大金字塔为例，指出考古发掘中容易将后世的混入物误认为古墓中原有的随葬品，尤其是被扰乱过的古墓。其最后的结论是："总之，据说是晋墓中发现的小块铝片，它是有后世混入物的重大嫌疑，决不能作为晋代已有金属铝的物证。今后我们最好不要再引用它作为晋代已知冶炼金属铝的证据。"（夏鼐 1972）

稍后，据悉由国家文物局委托北京钢铁学院（北京科技大学的前身）对1件铝质残片作了鉴定，经用能谱探针测知，除铝外，还含有其他金属成分。据此，认为它并非纯铝，其成分与某些早期的铝合金相似。1976年，北京有色金属研究总院的刘智耀用电子探针再次对金属带饰作了检测，确认其为银质，而那一小片残片的主要成分是铝。这些检测结果见于后来出版的夏鼐所著《考古学和科技史》一书（夏鼐 1979）。

和1972年刊载在《考古》的夏鼐同名文章相对照，《考古学和科技史》中的文章增添了以下文句："这两次盗掘的时代较早［宏按：这里提及的两次盗掘，是发生于元至正庚寅年（1350年）和清咸丰庚申年（1860年）对周处墓的盗掘，事见《国山周氏世谱》卷47《祖迹考》（1915年重修本）］，是在金属铝的提炼法发明以前或正在试制阶段。当时金属铝不可能传入我国而混入这墓中。""周处墓相邻的二号晋墓，古代曾被盗掘，淤土下遗物凌乱，而近代再被盗掘，在淤土上面有现代人所用的化学钮扣、玻

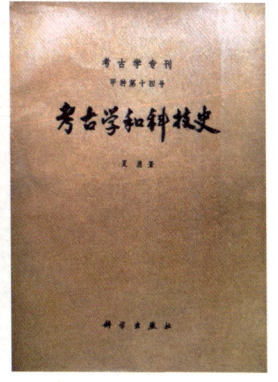

夏鼐和他的《考古学和科技史》

西晋周处墓铝片的身世之谜

璃碎片和铁锈很新的铁齿。而文献上并没有关于二号墓被盗的记载，所以我们不能排斥周处墓曾在1952年以前不久被盗掘的可能，不过文献上失载而已。1952年以前不久的可能被盗掘和1952年初打开时闲人进去，都提供了混进近代物的机会。"（夏鼐 1979）

前述北京钢铁学院的鉴定，是该校冶金史研究所创办人柯俊教授做的。他在后来的访谈中回忆道："我们做了仔细研究，根据整个冶金原理和加工形态等证明这是块铝，但是它的成分有现代科技的东西，相当于第一次世界大战时期被击毁的德国飞机上用铝的成分，而且是轧制出的，中国古代没有轧制，这里头，应该有的没有，不应该有的有了！我们很肯定它是混进去的。"（万辅彬等 2004）

对质疑意见的存疑

周处墓铝质残片的材质虽被确认，但对其来历在学理上却并无具有充分说服力的论证。在这种情况下，一部分学者断言西晋不可能有金属铝（田长浒 1983）；夏鼐则谨慎地认为："西晋炼出铝这件事，如果不是不可能，至少可以说是不大可能的。"（《西晋是否有铝的争论》，《科学爱好者》1983年第2期）他的这种看法在当时是有代表性的。

按说，严谨的考古学权威夏鼐一言既出，此事基本就算有个无法确证的定论了，但关于铝质残片的来历及其年代，又有不同的声音。

著名科普作家叶永烈对夏鼐的文章提出存疑。他引述罗宗真1963年的文章,认为残片系作者亲手发掘,且明确说明地层并未扰乱,残片并非盗掘时带入。因而,不能视为混入。他还认为,周处墓先前两次被盗掘,以及1952年打开时曾有人进去,均不足以成为残片系混入物的凭据;所出残片锈迹斑斑,也不像是新混入的。而块小、量少、不成形,恰恰符合铝易被侵蚀的特性(叶永烈 1983)。

现在看来,这位多产作家的质疑并无太大新意和深度,但夏鼐以中国考古学领军人物的身份,仍耐心作答,认真讨论。叶永烈后来回忆道:"考古学家夏鼐与我之间,关于'西晋有铝'问题的讨论信件,竟然有9封。"他还提及这样一个细节,与作家的信大多落款无时间形成鲜明对比的是,"他给我的每一封信,都在信纸右上角端端正正写明'19××年×月×日',这无疑是他多年考古工作中养成的严谨细致的工作习惯"(叶锋等 2015)。

夏鼐在后来的回复中提到,他在文章中列举考古发掘中常有小件的后世混入物没有被当场发觉的例子,"并不是想用这些例

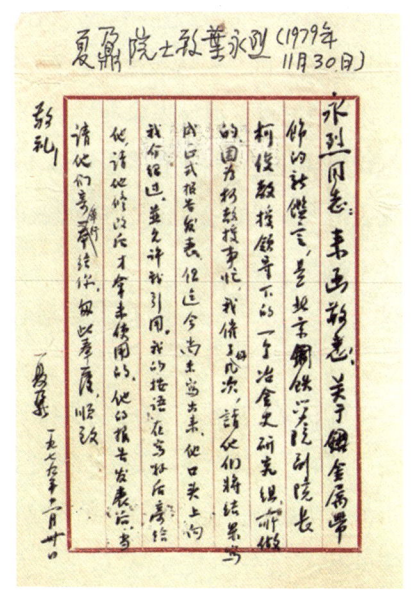

夏鼐给叶永烈的信

西晋周处墓铝片的身世之谜　　239

子来证明这次铝片也一定是如此"。同时,他认为罗宗真的"考古发掘是够水平的","发掘工作中的小疏忽是常发生的事。这只有引起我们今后在发掘工作中提高警惕,避免疏失"(华觉明 1999)。

冶金史专家华觉明后来评述道,夏鼐先生的历次文章尽管对西晋能否炼铝和铝质残片的来历提出了疑问和质询,但并未下定论,只是认为铝片有后世混入物的嫌疑,劝戒人们最好不要再引用它作为晋代已知冶炼金属铝的证据。他的态度是严谨的、客观的和严肃的。正因如此,他的这些文章至今仍有重要价值(华觉明 1999)。这是非常中肯的评价。

自夏鼐于1972年发表长文后,多数学者倾向于同意他的看法,西晋炼铝之说归于沉寂。而铝片的原发掘者罗宗真先生,则始终坚持铝片为晋代遗物。针对各种质疑,他进一步强调"出土地层并未扰乱,铝质残片并非混入物,而是有确切出土依据的","有些情况在发掘报告和有关文章中已经说明或有澄清,同在发掘现场的其他考古工作者也可以作证"(华觉明 1999)。作为发掘主持人,他的意见也是值得重视的。

新的思路与破解办法

可以说,夏鼐、罗宗真两位先生对铝质残片一事的态度,都是严谨的、负责任的。曾参与残片检测的诸位科学工作者的工作也都是认真的,他们的检测结果应是靠得住的。那么,问题出在哪里呢?

冶金史专家华觉明总结道:

首先，铝片和带饰同出于人骨架的中部且均附有黑色沉积物，而此类金属带饰又常伴有铰具等附件、附饰。一般情况下，将同出残片视作带饰的一部分，是可以理解的，但残片和带饰毕竟有区别，且前者多不成形，无法判断其器形与用途。因此，把残片径称作为带饰是不够严谨的。有的检测者沿用这种提法，的确是有欠审慎的。

其次，在全部17件成形带饰均未经科学鉴定的情况下，仅凭少数残片的检测即断定带饰均为铝制品；在学理尚未阐明，探索性实验未能解决问题的情况下，认为西晋已能炼铝，且将带饰作为晋代铝制品展示于众，这种判断和做法是不严谨的，应视为工作中的失误。尽管在当时的社会氛围下，本应保持冷静的科学家有时也头脑发热，指银为铝只是其中的小焉者而已。

再次，当16件成形带饰经检测全部确认为银质后，由于先前把铝质残片同带饰混为一谈，再加上一号墓曾被盗掘，二号墓又有现代物品混入，由此加深了对残片来历的疑虑，这也是可以理解的，尽管这种怀疑还不等同于定论。

最后，争议的实质在于晋代究竟是否有金属铝。在20世纪五六十年代，人们还不知道地球上有天然铝的存在。因此，所有争议便都限于晋代能否炼制金属铝这一点。既然，在学理和实践的层面未能给出有说服力的论据，西晋不可能有金属铝、铝片只能是后世混入物的这种非此即彼的论断为一些人所接受，也就可以理解，尽管这种论断也同样缺乏充分的判据。

鉴于上述，他提出了两个探索周处墓铝质残片来历的新思路和破解办法：

第一，自然界确有天然铝，中国也有天然铝，周处墓铝质残片会不会与天然铝有某种关联？

铝的化学性质很活泼，长期以来，从没有人想到有天然铝的存在，然而自然界确有天然铝。

1978年，苏联科学家奥列尼可夫等首次宣布，在西伯利亚台地的暗色岩中发现了天然铝，但被一些学者怀疑为混入的人工产物。其后，又相继在其他区域的岩石和太平洋的沉积物中发现了天然铝。1983年，国际新矿物委员会确认了存在天然铝的新发现，认为具有重要学术价值。

中国也有天然铝。1983年4月11日，新华社报道在广西贺县的花岗岩中发现了天然铝。此外，贵州安龙、湖南麻阳、广东莲花山等地也分别在1974年和1990年发现天然铝。

长期以来，人们不知道有天然铝的存在，对周处墓铝质残片的来历局限于非此即彼（不是人工炼铝便是后世混入物）的两难选择之中。如今，确证地球有天然铝，中国也有天然铝，且不仅出自一处，这就为我们提供了新的思路。1985年和1991年，叶永烈在《科学王国漫步》一书中、顾骏在《古墓残铝有新解》一文中，分别提出了周处墓铝质残片有可能来自天然铝的新说。

从化学成分看，天然铝的纯度和所含杂质与铝质残片是有相近之处的。残片的硬度较人工炼铝为高，且和某些天然铝一样，也具有塑性延伸的形相。这样，正如顾骏所说："不能排除古人采集和使用它（宏按：指天然铝）的可能性。"其中，也包括天然铝重熔和再加工的可能性。当然这需要更细致的研究和鉴别，我们对此几乎一无所知，也无先例可循。人们本应早想到天然铝存在的可能性，只是往往囿于陈见，缺乏这种感悟而已。

第二，美国、日本在1970年代还在做火法炼铝的工业试验，并且确实炼出了纯铝，这对我们探讨铝质残片来历有无启示作用？

铝在地壳中的含量仅次于氧和硅。含铝矿物多达250种，而适于电解铝工业化生产的只有少数几种氧化铝水合物。因此，长期以来，国际制铝界一直在努力寻找新的炼铝工艺，以更好利用其他含铝矿物和节省昂贵电力，途径之一便是火法炼铝。例如，1970年代石油危机期间，为节省能源，美国和日本的制铝业都投巨资做火法炼铝的试验。美国铝业公司采用现代工艺，用焦炭或其他含碳材料作为能源，最高反应温度为1400℃。这在古代技术条件下，是有可能办到的。

华觉明进而指出，以上事例，在两个方面对我们或许有所启示：

首先，和人们通常所认为的相反，电解法并非制铝的唯一方法，火法冶炼也可以得到纯铝。

其次，20世纪七八十年代，当周处墓铝质残片的议论已趋沉寂，许多人以为火法炼铝绝无可能之时，美国和日本却仍在做这样的努力，并且取得了实质性的进展。那么，是否还有其他火法炼铝的方法未被发现，或者古人已曾用过这类方法呢？

就我们已有的化学知识来说，确实很难想象早在晋代能炼出高纯度的金属铝来。而在古代技术条件下是否绝对没有可能以火法制取金属铝，仍须在学理上作出令人信服的论证，反之亦然。

这位冶金史专家最后发出的感慨更发人深省：

许多自然现象和社会现象，不是一眼可以看得透的。对存在争议的学术悬案，须努力避免认识上的片面性和主观随意性，切忌浮躁和轻率；对不同意见要认真考虑和给予尊重；要寻求新的思路和破解办法，下功夫作细致的调查研究；瓜熟蒂落，水到渠成，不必过早下结论。而科学来不得半点疏失，认真把住关口是极其重要的。就出土实物的真伪鉴别来说，既要把住以假乱真的关口，也要把住误真为假的关口。这两种疏失在以往都曾多次发生过，都应引以为戒，未可偏废（华觉明　1999）。

的确，就周处墓铝质残片来历这一世纪悬案来说，最终结果究竟如何，或许并不是最重要的。坚守科学精神，提倡思想自由，保有实事求是和包容的学术态度，才是推进学术繁荣的必由之路。

参考文献：

华东文物工作队：《江苏宜兴周墓墩古墓清理简报》，《文物参考资料》1953年第8期。

罗宗真：《江苏宜兴晋墓发掘报告——兼论出土的青瓷器》，《考古学报》1957年第4期。

杨根：《晋代铝铜合金的鉴定及其冶炼技术的初步探讨》，《考古学报》1959年第4期。

沈时英：《关于江苏宜兴西晋周处墓出土带饰成分问题》，《考古》1962年第9期。

罗宗真：《我对西晋铝带饰问题的看法》，《考古》1963年第3期。

沈时英：《再谈"晋墓带饰"问题》，《考古》1963年第12期。

夏鼐：《晋周处墓出土的金属带饰的重新鉴定》，《考古》1972年第4期。

夏鼐：《晋周处墓出土的金属带饰的重新鉴定》补记，《考古学和科技史》,科学出版社,1979年。

田长浒:《西晋不可能有金属铝》,《科学爱好者》1983年第2期。

叶永烈:《否定之否定》,《科学爱好者》1983年第2期。

华觉明:《悬案于今四十年——宜兴晋周处墓铝质残片来历的分说》,《自然科学史研究》1999年第2期。

万辅彬、柯俊:《"钢铁大师"的冶金史情缘——科技史学家访谈录之二》,《广西民族学院学报(自然科学版)》2004年第2期。

夏鼐:《夏鼐日记》卷六,华东师范大学出版社,2011年。

叶锋、郑鹏:《叶永烈收到的书信有多传奇,你知道吗?》,《温州都市报》2015年4月21日。

后　记

这是我第一本写考古发现背后故事的小书。以往的著作，包括《最早的中国》《何以中国》《大都无城》等，尽管可归为大众学术，但也都是正论，写的是考古发掘与研究对象。而对学术史，我一直非常有兴趣，在论文中多有涉及。用讲故事的形式来写，当然也是心愿，但总想那应是退休之后的事了。有缘结识尚红科先生，又赶上这么个改变全球历史进程的大疫情，拜避疫得闲之赐，才有了想写下去的这套"考古纪事本末"的第一本。初稿完成于见证历史的2020年3月至7月。

所谓"纪事本末"，就是希望把一些考古发现及其论争探索过程，述而不作地娓娓道来，其中有啥说道看头，要点化出来，热闹之外，得让诸位看出点儿门道来。尽管这些纪事在图文的形式上贴近公众，但作为一线出身的资深考古人，我还是把求真存真放在第一位。言必有据，文中尽可能注明了出处，文后附有参考文献，以便读者延展阅读。

这12篇纪事可以分为两类，一类是亲历记，共9篇，从我在山东大学任教期间丁公陶文的发现，到执掌二里头考古队20年的难忘经历，再到对曾经工作过的偃师商城的抚今追昔，应该是有相当的鲜活度的，有些事是头一次写出来。另一类3篇，是叙述考古学史上的著名发现及其背后的事，这些纪事当然不是抄来了事，而是一一梳理其经纬，还有自己的品评。

"考古好玩"，中国考古有意思的故事太多了，自我定位要转型为"非虚构作家"的我，当然想把这些好玩儿的事写下去，所以在书名上加了序号。有一就该有二，以至更多，这也是对自己的一个鞭策吧。日后如能辑出个小丛书来，不亦乐乎？！

最后，我要感谢提供相关照片资料的南京博物院陆建芳研究员，以及我的同事陈国梁、赵海涛和付仲杨副研究员，感谢汉唐阳光团队为本书的出版所付出的辛劳。由于本书体例和体量的限制，无法一一列出相关考古文物资料和研究论著，谨对所有有惠于此书的师友致以诚挚的敬意与谢意。

2020年10月1日
于天津医学观察点隔离中

图书在版编目（CIP）数据

发现与推理：考古纪事本末. 一 / 许宏著. -- 太原：山西人民出版社，2021.4
ISBN 978-7-203-11728-5

Ⅰ.①发… Ⅱ.①许… Ⅲ.①考古学—研究 Ⅳ.①K870.4

中国版本图书馆CIP数据核字（2021）第033946号

发现与推理：考古纪事本末（一）

著　　者：	许　宏
责任编辑：	贾　娟
复　　审：	刘小玲
终　　审：	梁晋华
出 版 者：	山西出版传媒集团·山西人民出版社
地　　址：	太原市建设南路21号
邮　　编：	030012
发行营销：	010-62142290
	0351-4922220　4955996　4956039
	0351-4922127（传真）　4956038（邮购）
天猫官网：	https://sxrmcbs.tmall.com　电话：0351-4922159
E-mail：	sxskcb@163.com（发行部）
	sxskcb@163.com（总编室）
网　　址：	www.sxskcb.com
经 销 商：	山西出版传媒集团·山西人民出版社
承 印 厂：	鸿博昊天科技有限公司
开　　本：	880mm×1230mm　1/32
印　　张：	8
字　　数：	178千字
版　　次：	2021年4月　第1版
印　　次：	2021年4月　第1次印刷
书　　号：	ISBN 978-7-203-11728-5
定　　价：	58.00元

如有印装质量问题请与本社联系调换